1 Schnitzel – 50 Rezepte

AUTOR: REINHARDT HESS | FOTOS: BARBARA BONISOLLI

Praxistipps

4 Schnitzel – die schnellen Scheiben aus der Pfanne
6 Drei Pfannen für gutes Gelingen
7 Schnitzel perfekt braten

Umschlagklappe hinten:
    Keine Nebensache – die warme Beilage
    Schnelle Saucen aus dem Bratsatz
    Getränketipps zu Schnitzeln

Extra

Umschlagklappe vorne:
    Die 10 GU-Erfolgstipps – mit Gelinggarantie für saftige Schnitzel

60 Register
62 Impressum

INHALTSVERZEICHNIS

Rezepte

8 Natur & mariniert

9	Hessische Apfelschnitzel	16	Schalotten-Schnitzel
10	Hahnenkammschnitzel mit Brokkoli-Muffins	18	Zigeunerschnitzel
12	Zwiebel-Schnitzel	20	Kalbsschnitzel mit Tomaten
12	Schnitzel in Kapernsauce	20	Pfaffenschnitzel in pikanter Sauce
13	Pfälzer Weinschnitzel	22	Zitronen-Schnitzel
13	Kümmelschnitzel	22	Butter-Hähnchen
14	Schweineschnitzel »Strammer Max«	23	Lamm mit Meerrettich
16	Paprikaschnitzel	23	Reh mit Radicchio

24 Paniert & eingehüllt

25	Panierte Schnitzelchen mit Tomatensauce	28	Wiener Schnitzel
26	Hähnchen paniert	30	Pute in feiner Haselnusskruste
26	Schleswiger Schnitzel	30	Sizilianische Pistazienschnitzel
27	Pfefferschnitzel	32	Schnitzel altbayerische Art
27	Kokos-Pute	34	Schnitzel verhüllt
		34	Rosmarin-Lamm

36 Gerollt & gefüllt

37	Kalbsröllchen mit Schinken und Sardellen	42	Gefüllte Paprikaschnitzel
38	Gefüllte Schnitzel mit Äpfeln	44	Schweineröllchen
40	Schnitzelkissen	44	Feigen-Hähnchen
40	Cordon bleu	46	Gefüllte Rinderschnitzel
		46	Rehröllchen mit Paprika

48 Geschnetzelt & gespießt

49	Firehouse Chili con carne	54	Schweineschnitzel mit Ananas-Curry
50	Griechische Weinschnitzel	54	Hähnchenschaschlik mit Pflaumen
50	Ungarisches Paprikafleisch	56	Rinderschnitzel »Zilzil Tibs«
52	Putengeschnetzeltes mit Artischocken	58	Schweinefleischspießchen
52	Italienische Kräuter-Straccetti	58	Rehspießchen in Weinsauce

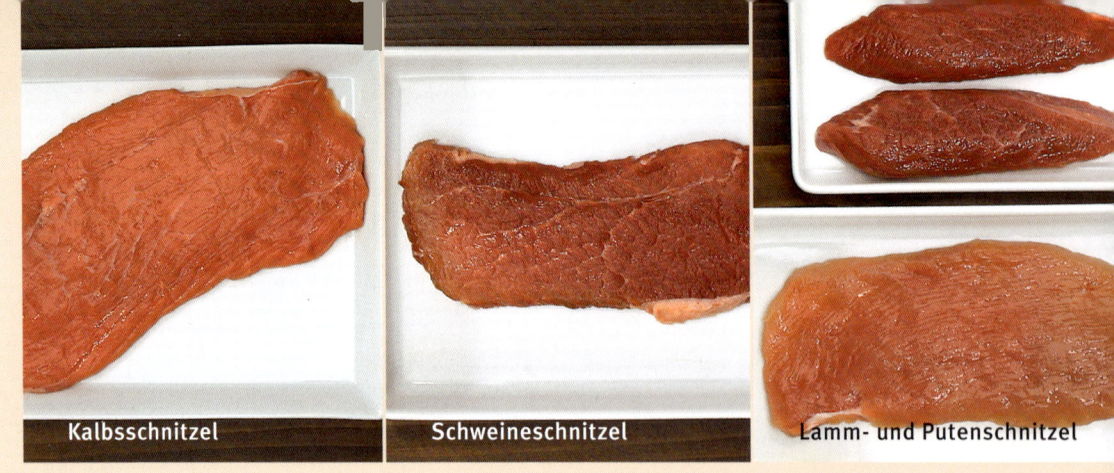

Kalbsschnitzel | **Schweineschnitzel** | **Lamm- und Putenschnitzel**

Schnitzel – die schnellen Scheiben aus der Pfanne

Jeder mag sie. Singles und Kinder, Hungrige und Gäste. Weil sie immer zu haben sind, weil sie in Minutenschnelle auf dem Tisch stehen und weil sie in edler Version auch Anspruchsvolle begeistern.

Brust oder Keule Im engeren Sinn sind Schnitzel dünne Scheiben aus reinem Muskelfleisch ohne Sehnen und Häute, das aus der Keule ausgelöst wird. Steaks stammen dagegen vorwiegend aus der Rückenpartie von Rind, Kalb und Schwein und müssen dicker geschnitten sein. Doch nicht alle Schnitzellieferanten haben so große Keulen oder Schlegel, wie diese auch genannt werden, dass sich daraus anständige Scheiben schneiden lassen. Die Puten- und Hähnchenschnitzel stammen aus dem Brustfleisch, das eine ähnliche Struktur aufweist wie die »echten« Schnitzel.

Von preiswert bis edel Schnitzel vom Kalb und vom Reh sind am teuersten, die von Schwein und Geflügel sind weit günstiger zu haben. Doch auch da gibt es Unterschiede, je nachdem, aus welchen Muskelsträngen die Kurzbratstücke geschnitten wurden. Fragen Sie Ihren Metzger oder schauen Sie sich die Schnitzel in der Selbstbedienungs-Abteilung genau an. Oft liegen »Schnitzel« aus unterschiedlichen Fleischpartien nebeneinander. Je einheitlicher die Fleischfarbe und Struktur ist, desto besser braten sie dann in der Pfanne. Und genauso wichtig: alle Schnitzel sollten gleich dick geschnitten sein, sonst werden sie nicht gleichzeitig gar.

Das Original Das klassische Schnitzel stammt vom Kalb und wird aus der Keule geschnitten. Die besten stammen aus der Oberschale, einem Muskelstrang im Inneren der Keule, der besonders feine, zarte Fleischfasern hat. Ein anderes Teilstück, die Kugel oder Nuss, liefert ebenfalls sehr zarte, aber etwas kleinere Schnitzel. Preiswertere Kalbsschnitzel stammen aus grobfaserigen, sehnenreicheren Fleischpartien oder aus der Schulter, doch können diese beim Braten leicht trocken und zäh werden. Fragen Sie Ihren Metzger einmal nach Schnitzeln aus der Hüfte. Diese enthalten zwar mehr Bindegewebsanteile, sind aber von feinen

DAS RICHTIGE FLEISCH

Fettäderchen durchzogen und bleiben dadurch saftiger und schmecken sehr würzig. Gute Fleischqualität erkennen Sie an der hellen bis zartroten Farbe und einer frischen, nur leicht feucht wirkenden Oberfläche. Falls Ihnen Kalbsschnitzel zu teuer sind, können Sie stattdessen bei allen Rezepten auch Putenschnitzel verwenden.

Schweineschnitzel Beim Schwein wird die Keule Hinterschinken genannt. Entsprechend heißen die daraus geschnittenen Schnitzel auch »Schinkenschnitzel«. Die großen Fleischpartien aus Ober- und Unterschale ergeben gleichmäßige große, aber leicht trocken bratende Schnitzel. Am besten sind solche, die aus der Hüfte geschnitten wurden. Achten Sie darauf, dass die Scheiben quer zur Faser geschnitten sind. Gute Qualität erkennen Sie an der gleichmäßigen hellrosa Farbe und den matt glänzenden Schnittflächen. Gerade bei Schweineschnitzeln lohnt es sich, auf artgerechte Aufzucht zu achten, sonst enthält das Fleisch zu viel Flüssigkeit, die in der Pfanne austritt und das Bräunen verhindert. Außerdem verlieren solche Schnitzel beim Garen deutlich an Volumen.

Pute und Hähnchen Bei beiden stammen die Schnitzel aus dem Brustfleisch, das aus zwei Partien besteht. Beim Hähnchen werden dafür die beiden Muskelstränge enthäutet und ausgelöst, bleiben aber ganz. Sie werden auch Brustfilets genannt. Hähnchenschnitzel sind allerdings ungleichmäßig dick, so dass Sie sie am besten seitlich einschneiden, wie ein Schmetterlingssteak aufklappen und leicht klopfen. Preiswerter wird es, wenn Sie ein ganzes Huhn kaufen und die Schnitzel selbst auslösen. Bei Puten wird die Brust so in Scheiben geteilt, dass sie wie klassische Kalbsschnitzel aussehen. Achten Sie darauf, dass Putenschnitzel gleichmäßig dick und quer zur Faser geschnitten sind und das Fleisch fest, saftig und frisch aussieht. Vor dem Verarbeiten Geflügelfleisch stets kalt abspülen und gut trockentupfen, Waschbecken, Geräte und Schneidbretter, die mit rohem Geflügelfleisch in Berührung gekommen sind, gründlich säubern. Die Garzeit entspricht etwa der von Kalbsschnitzeln, aber braten Sie Geflügelfleisch immer ganz durch, es darf innen keinen rosa Kern mehr haben.

Lamm und Reh Bei beiden ergeben dünne Scheiben aus der Keule oder der Hüfte sehr würzige, aromatische Schnitzel. Auch aus dem Rücken lassen sich schnitzelähnliche Scheiben schneiden. Das Fleisch ist mager und trocknet daher beim Braten leicht aus. Hier ist es besonders wichtig, es nur kurz anzubraten und dann bei schwacher Hitze nachziehen zu lassen.

Schnitzel vom Rind Auch Rinder haben Keulen, doch nur wenige Stücke eignen sich für Schnitzel. Das zarteste und beste Teilstück wird Blume oder Rose genannt und liefert das »echte« Rumpsteak, wie es die Engländer schätzen. Auch aus dem »Bürgermeisterstück«, dem Hüftdeckel oder Tafelspitz, lassen sich dünne Schnitzel schneiden. Das Fleisch für Rinderschnitzel sollte von jungen Tieren stammen, gut abgehangen und von Fettadern durchzogen sein, sonst wird es sehr leicht zäh.

GERÄTEKUNDE PFANNEN

Drei Pfannen für gutes Gelingen

Es gibt beschichtete und unbeschichtete, mit und ohne Deckel, große und kleine. Hier sind drei, die Sie auf jeden Fall brauchen.

Beschichtete Pfanne

Schmorpfanne

Unbeschichtete Pfanne

Beschichtete Pfannen An ihnen bleibt nichts haften. Sie sind daher ideal zum Fettsparen und für niedrige bis mittlere Temperaturen. Besonders gut lassen sich in ihnen marinierte Schnitzel und Schnitzel natur zubereiten. Wählen Sie eine Pfanne aus robustem Aluguss. Sie sind besonders strapazierfähig und langlebig.

Unbeschichtete Pfannen Für Wiener Schnitzel sind sie ideal – und ebenso für alles, was bei hoher Hitze außen knusprig und innen zart werden soll. Sie sind aus Gusseisen oder aus schwarzem, nickelfreiem Stahl mit Glaskeramik, das die Hitze optimal speichert und gleichmäßig abgibt.

Schmorpfannen Für gefüllte und geschmorte Schnitzel brauchen Sie eine schwere, unbeschichtete Pfanne, zu der es einen gut schließenden Deckel gibt. Praktisch sind Pfannen mit hitzebeständigen Griffen. Ihre Schnitzel können vom Herd dann direkt in den Ofen wandern.

GRUNDREZEPT

Schnitzel perfekt braten

Wenn ein Schnitzel zäh wird, kann der Metzger daran schuld sein. Oder derjenige, der es einfach nur in die Pfanne gehauen hat.

4 Schnitzel (je 150 g Schwein, Kalb oder Pute)
feines Salz (am besten aus der Mühle)
2–3 EL hoch erhitzbares Fett oder Öl
Pfeffer aus der Mühle

1 Schweine- oder Kalbsschnitzel mit Küchenpapier gut trockentupfen, nur Putenschnitzel vorher kurz kalt waschen. Der anhaftende Fleischsaft ergibt beim Erhitzen eine Kruste, so dass das Schnitzel saftig bleibt. Erst kurz vorm Braten auf beiden Seiten leicht salzen.

2 Hoch erhitzbar sind Palmfett (möglichst ungehärtetes aus dem Bioladen), Schweine- oder Butterschmalz, raffiniertes Rapsöl, Soja- und Erdnussöl. Sonnenblumenöl, Nuss- und Keimöle sind nicht geeignet, sie zersetzen sich bei starker Hitze. Es gibt aber spezielle Bratöle, die reich an Ölsäure sind und stark erhitzt werden können.

3 Erst die Pfanne bei mittlerer bis starker Hitze heiß werden lassen, dann das Fett oder Öl zugeben (Bild 1). Wenn es gut heiß ist, umschwenken. Tupfen Sie das Ende eines Schnitzels ins heiße Fett, es muss gleich kräftig brutzeln (Bild 2).

4 Schnell die Schnitzel mit Abstand nebeneinander in die Pfanne legen und 3–4 Min. braten, ohne sie zu bewegen. Dann hat sich eine knusprige Kruste gebildet und Sie können sie mit einer Küchenzange oder einem Pfannenwender vorsichtig umdrehen (Bild 3). Nicht mit einer Fleischgabel einstechen, sonst fließt Saft aus.

5 Jetzt erst die gebratene Seite mit Pfeffer würzen, die Schnitzel weitere 3 Min. braten. Die Pfanne vom Herd nehmen und das Fleisch zugedeckt 5 Min. nachziehen lassen. Die Schnitzel auf vorgewärmten Tellern servieren.

Natur & mariniert

Wenn es ganz schnell gehen soll, mag ich Schnitzel pur am liebsten. So kommt der Eigengeschmack am besten zur Geltung. Den Bratfond mit Brühe oder Wein ablöschen, schon ist eine Sauce dazu fertig. Das Schnitzel mit Äpfeln und Apfelwein, bei dem sich Süße und Säure angenehm verbinden, stammt aus meiner Heimat.

Hessische Apfelschnitzel

4 Schweineschnitzel (à 125 g)
1 EL Apfelessig
2 EL Rosinen
¼ l herber Apfelwein (ersatzweise Apfelsaft)
2 säuerliche Äpfel (Braeburn, Boskop)
1 EL frisch gepresster Zitronensaft
1 Zwiebel
3 EL Butterschmalz zum Braten
Salz | Pfeffer

Für 4 Personen | 30 Min. Zubereitung
Pro Portion ca. 445 kcal, 34 g EW, 15 g F, 42 g KH

1 Die Schnitzel mit Küchenpapier trockentupfen, leicht klopfen und mit dem Apfelessig einreiben. Die Rosinen in Apfelwein einweichen. Die Äpfel schälen, vierteln und die Kerngehäuse ausschneiden. Die Apfelviertel in feine Spalten schneiden und mit dem Zitronensaft vermischen. Die Zwiebel schälen und in feine Streifen schneiden. Den Backofen auf 50° (Umluft 40°) vorheizen.

2 Eine Pfanne auf mittlerer Stufe erhitzen und das Butterschmalz darin heiß werden lassen. Die Schnitzel mit Küchenpapier trockentupfen, leicht salzen und ca. 3 Min. pro Seite braten. Die Schnitzel aus der Pfanne nehmen und im vorgeheizten Ofen warm halten.

3 Zwiebel und Äpfel im Bratfett ca. 5 Min. braten, bis alles leicht gebräunt ist. Den Apfelwein mit den Rosinen angießen und einmal aufkochen lassen. Mit Salz und Pfeffer würzen. Äpfel und Zwiebel mit der Sauce über die Schnitzel verteilen und mit Kartoffelpüree servieren.

NATUR & MARINIERT

toll für Kinder

Hahnenkammschnitzel mit Brokkoli-Muffins

Durch das Einschneiden sehen die Schnitzel mal ganz anders aus, und in den pikanten Aufläufchen schmeckt Brokkoli noch feiner.

500 g Brokkoli
1 kleine Zwiebel
1 EL Butter
100 ml Wasser
Salz | Pfeffer
100 g gut abgetropfter Quark (Magerstufe)
40 g geriebener Parmesan
1 Ei (Größe M)
ca. 2 EL Semmelbrösel
frisch geriebene Muskatnuss
4 längliche Schweineschnitzel (Schinkenschnitzel à 125 g)
2 TL Mehl
2 EL Öl zum Braten
125 ml Gemüsebrühe

Außerdem
Fett für die Förmchen
1 Muffinblech

Für 4 Personen | 1 Std. Zubereitung
Pro Portion ca. 360 kcal, 42 g EW, 16 g F, 12 g KH

1 Den Brokkoli waschen und putzen, die Stiele schälen. Die Röschen ablösen und 4 schöne beiseite legen. Den restlichen Brokkoli klein schneiden. Die Zwiebel schälen und sehr fein würfeln. In einem Topf die Butter zerlassen, die Zwiebelwürfel kurz glasig dünsten. Den klein geschnittenen Brokkoli zugeben, ca. 100 ml Wasser angießen, mit Salz und Pfeffer würzen. Die beiseite gelegten Röschen obenauf legen, alles zugedeckt bei schwacher Hitze ca. 20 Min. garen, bis das Gemüse weich ist.

2 Die Brokkoliröschen herausheben und beiseite legen. Das übrige Gemüse in ein Sieb gießen und gut abtropfen lassen. Den Backofen auf 190° (Umluft 170°) vorheizen. Den Brokkoli im Mixer nicht zu fein pürieren. Quark, Parmesan und das Ei zugeben, so viel Semmelbrösel untermischen, bis die Masse recht dickflüssig wird. Mit Salz, Pfeffer und Muskat abschmecken.

3 Vier Muffinmulden (oder ein Portionsförmchen, 200 ml) fetten. Das Püree einfüllen, die Brokkoliröschen in die Mitte stecken. Die Form auf ein tiefes Backblech stellen, in den Ofen (Mitte) schieben und seitlich ca. 2 cm hoch kochend heißes Wasser angießen. Die Brokkoli-Muffins ca. 25 Min. garen.

4 Die Schnitzel mit Küchenpapier trockentupfen und leicht klopfen. Von einer Längsseite her mehrmals wie einen Hahnenkamm ein-, aber nicht durchschneiden. Salzen und leicht mit Mehl bestäuben. Erst eine Pfanne, dann das Öl auf mittlerer Stufe heiß werden lassen und die Schnitzel darin ca. 3 Min. pro Seite braten. Die Schnitzel aus der Pfanne nehmen, in Alufolie wickeln und warm halten. Das Bratöl aus der Pfanne gießen, den Bratfond mit Gemüsebrühe loskochen und abschmecken. Die garen Brokkoli-Muffins aus den Förmchen lösen, auf Teller setzen. Die Schnitzel daneben anrichten und mit Sauce übergießen.

AUSTAUSCH-TIPP
Die pikanten Muffins schmecken auch mit Kohlrabi. Dann ein paar zarte Blättchen fein hacken und untermischen.

gelingt leicht
Zwiebel-Schnitzel

4 Schweineschnitzel (à 125 g) | Salz | gemischter, bunter Pfeffer | 1 Bund Frühlingszwiebeln | 2 rote Zwiebeln | 4 EL Öl | 125 ml Gemüsebrühe

Für 4 Personen | 30 Min. Zubereitung
Pro Portion ca. 260 kcal, 29 g EW, 15 g F, 3 g KH

1 Die Schnitzel trockentupfen, leicht klopfen und mit Salz und buntem Pfeffer würzen. Frühlingszwiebeln waschen, putzen und in Ringe schneiden. Rote Zwiebeln schälen und in Scheiben schneiden. Backofen auf 60° (Umluft 50°) vorheizen.

2 Erst eine Pfanne und dann das Öl auf mittlerer Stufe erhitzen. Die Schnitzel auf jeder Seite ca. 3 Min. braten, herausheben und warm halten. Beide Zwiebelsorten gut 5 Min. im Öl dünsten, bis sie weich sind, aber noch nicht bräunen. Die Brühe angießen und einmal aufkochen lassen. Die Zwiebeln mit Salz und Pfeffer abschmecken und auf den Schnitzeln anrichten.

sahnig-mild
Schnitzel in Kapernsauce

4 Schweineschnitzel (à 125 g) | 2 EL Olivenöl | 1 EL Butter | 1 TL Mehl | 125 ml Gemüsebrühe | 100 g Sahne | Salz | Pfeffer | 1 EL Kapern | 1 EL gehackte Petersilie

Für 4 Personen | 20 Min. Zubereitung
Pro Portion ca. 305 kcal, 29 g EW, 19 g F, 3 g KH

1 Die Schnitzel trockentupfen, quer halbieren und leicht klopfen. Eine Pfanne erhitzen und Olivenöl mit Butter bei mittlerer Hitze aufschäumen lassen. Die Schnitzel auf jeder Seite 3 Min. anbraten, herausheben und warm halten.

2 Das Mehl in das Bratfett rühren, mit Gemüsebrühe und Sahne ablöschen und unter Rühren kurz einkochen. Mit Salz und Pfeffer abschmecken. Die Kapern einrühren und die Sauce über die Schnitzel gießen. Mit Petersilie bestreut servieren.

kräftig-würzig

Pfälzer Weinschnitzel

4 Schweineschnitzel (à 125 g) | Salz | grober schwarzer Pfeffer | getrockneter Majoran | 3 EL Öl | 4 Zwiebeln | 2 EL Tomatenmark | 300 ml kräftiger Rotwein

Für 4 Personen | 30 Min. Zubereitung
Pro Portion ca. 290 kcal, 29 g EW, 11 g F, 5 g KH

1 Die Schnitzel trockentupfen und leicht klopfen. Auf beiden Seiten mit Salz, Pfeffer und Majoran bestreuen und mit 2 EL Öl bestreichen. Die Zwiebeln schälen und in Scheiben schneiden. Eine Pfanne erhitzen, die Schnitzel bei mittlerer Hitze 3 Min. pro Seite braten, herausheben.

2 Das restliche Öl in der Pfanne erhitzen, die Zwiebeln in ca. 7 Min. leicht bräunen. Tomatenmark und den Wein zugeben, kurz aufkochen lassen, abschmecken. Die Schnitzel in die Sauce legen, zugedeckt bei schwacher Hitze 10 Min. ziehen lassen.

unkompliziert

Kümmelschnitzel

4 Schweineschnitzel (à 125 g) | Salz | Pfeffer | 1 EL Mehl | 1 EL Öl | 3 EL Butter | ½ TL zerstoßener Kümmel | 125 ml Gemüsebrühe

Für 4 Personen | 20 Min. Zubereitung
Pro Portion ca. 280 kcal, 29 g EW, 16 g F, 5 g KH

1 Die Schnitzel trockentupfen, quer halbieren und klopfen. Mit Salz und Pfeffer würzen, im Mehl wenden. Eine Pfanne erhitzen, Öl mit 1 EL Butter bei mittlerer Hitze aufschäumen lassen. Die Schnitzel 3 Min. pro Seite braten und in Alufolie warm halten.

2 Das Fett abgießen, Kümmel und Brühe in die Pfanne geben, etwas einkochen lassen und die restliche Butter unterrühren. Die Sauce über die Schnitzel gießen und servieren.

AROMA-TIPP
Ein Schuss Kümmelschnaps gibt der Sauce Feuer.

richtiger Sattmacher

Schweineschnitzel »Strammer Max«

Der ursprüngliche Berliner »Stramme Max« ist ein Butterbrot mit Schinken und einem Spiegelei darauf. Mit einem saftigen Schnitzel wird er zur herzhaften Hauptmahlzeit.

4 Schweineschnitzel (à 125 g)
Salz | Pfeffer
1 TL getrockneter Majoran
1 EL Öl
2 Zwiebeln
4 Gewürzgurken
1 Bund Schnittlauch
2 EL Butter
4 dicke Scheiben Bauernbrot
2 EL Butterschmalz zum Braten
1 EL Mehl
4 EL Gurkenlake
4 Eier

Für 4 Personen | 35 Min. Zubereitung
Pro Portion ca. 460 kcal, 37 g EW, 25 g F, 22 g KH

1 Die Schnitzel trockentupfen und leicht klopfen. Mit Salz, Pfeffer und Majoran würzen und kräftig mit dem Öl einreiben. Abgedeckt bei Zimmertemperatur bis zum Braten marinieren. Den Backofen auf 60° (Umluft 50°) vorwärmen und die Teller warm stellen.

2 Die Zwiebeln schälen und in dünne Scheiben schneiden. Die Gewürzgurken in Scheiben schneiden. Den Schnittlauch waschen, trockenschütteln und in feine Röllchen schneiden.

3 Eine Pfanne auf mittlerer Stufe erhitzen, die Hälfte der Butter darin zerlassen. Die Brotscheiben auf beiden Seiten kurz braten, auf den Tellern im Ofen warm stellen. Das Butterschmalz in der Pfanne erhitzen, die marinierten Schnitzel dünn mit Mehl bestreuen (Bild 1) und bei mittlerer bis starker Hitze 2–3 Min. pro Seite braten.

4 Die Schnitzel aus der Pfanne heben und auf die Brotscheiben legen (Bild 2), wieder warm stellen. Die Zwiebelscheiben im Bratfett unter Rühren in ca. 7 Min. mittelbraun anrösten, die Gurkenscheiben zugeben und mit etwas Gurkenlake ablöschen, einmal aufkochen lassen, Pfanne vom Herd nehmen.

5 In einer zweiten Pfanne die restliche Butter erhitzen und darin die Spiegeleier braten. Die Gurken-Zwiebelsauce über die Schnitzel verteilen und jeweils ein Spiegelei darauf setzen. Mit Schnittlauchröllchen bestreuen und gleich servieren.

VARIANTE – RHEINISCHE KRÜSTCHEN
4 Schweineschnitzel salzen, pfeffern, erst in Mehl, dann in verquirltem Ei und Semmelbröseln wenden, in Öl braten und auf geröstetes Weißbrot legen, jeweils ein Spiegelei darauf setzen und mit Gewürzgurken und Tomatenvierteln garnieren.

NATUR & MARINIERT

Klassiker auf neue Art

Paprikaschnitzel

je 1 grüne und rote Paprikaschote
1 Zwiebel
2 Knoblauchzehen
4 Schweineschnitzel (à 125 g)
Salz | Pfeffer
200 g Sahne | 1 TL Mehl
2 EL Öl
2 EL Butter
1 EL edelsüßes Paprikapulver
1 TL rosenscharfes Paprikapulver
150 ml kräftige Fleischbrühe

Für 4 Personen | 30 Min. Zubereitung
Pro Portion ca. 410 kcal, 30 g EW, 29 g F, 6 g KH

1 Die Paprikaschoten waschen, putzen und in feine Streifen schneiden. Zwiebel und Knoblauch schälen und fein hacken. Die Schnitzel trockentupfen und leicht klopfen, salzen und pfeffern. Die Sahne mit dem Mehl verrühren.

2 Erst eine Pfanne und dann das Öl bei starker Hitze heiß werden lassen. Die Schnitzel pro Seite ca. 2 Min. anbraten und in Alufolie warm halten.

3 Das Öl abgießen, die Butter bei mittlerer Hitze zerlassen. Zwiebel und Knoblauch unter Rühren goldgelb dünsten, die Paprikastreifen untermischen und alles 5 Min. braten. Paprikapulver, Brühe und Sahne unterrühren. Die Sauce aufkochen und 2–3 Min. leise kochen lassen. Mit Salz und Pfeffer abschmecken. Die Schnitzel auf Tellern anrichten und mit der Paprikasauce übergießen.

Gästeessen aus Frankreich

Schalotten-Schnitzel

4 dünne Kalbsschnitzel (à 150 g)
Salz | Pfeffer
2 EL Olivenöl
150 g Schalotten (ersatzweise milde Zwiebeln)
2 Knoblauchzehen
2 EL Butter
¼ l kräftiger Rotwein (ersatzweise roter Traubensaft)
2 EL Cognac nach Belieben
2 Zweige frischer Thymian

Für 4 Personen | 30 Min. Zubereitung
Pro Portion ca. 322 kcal, 32 g EW, 13 g F, 6 g KH

1 Die Schnitzel trockentupfen und leicht klopfen. Salzen, pfeffern und mit Olivenöl bestreichen. Die Schalotten und den Knoblauch schälen, klein würfeln. Eine Pfanne bei starker Hitze heiß werden lassen. Die Schnitzel einlegen und 2–3 Min. pro Seite braten. Herausheben und in Alufolie warm halten.

2 Die Butter in der Pfanne bei mittlerer Hitze zerlassen. Schalotten und Knoblauch ca. 5 Min. andünsten. Rotwein und Cognac angießen und ca. 5 Min. einkochen lassen. Den Thymian waschen und trockenschütteln, die Blättchen abzupfen. Die Sauce mit Salz und Pfeffer abschmecken, über die Schnitzel gießen. Die Schnitzel mit den Thymianblättchen bestreut servieren.

GETRÄNKE-TIPP
Ein kräftiger Rotwein aus dem Languedoc bringt französisches Flair auf den Tisch.

oben: Schalotten-Schnitzel | unten: Paprikaschnitzel

NATUR & MARINIERT

macht was her

Zigeunerschnitzel

Der Name ist zwar nicht zeitgemäß, aber unter einem »Roma-Schnitzel« könnten Sie sich sicher nichts vorstellen. Hier habe ich die ursprüngliche Zubereitung aus der feinen Küche wieder belebt.

4 Kalbsschnitzel (à 125 g)
Salz | Pfeffer
1 EL Mehl
1 Zwiebel
1 Knoblauchzehe
6 reife Tomaten (350 g)
100 g kleine Champignons
2 Zweige frischer Thymian
4 EL Butter
¼ l trockener Weißwein
50 g gekochte Zunge (Aufschnitt)
50 g gekochter Schinken ohne Fett und Schwarte
Cayennepfeffer

Für 4 Personen | 45 Min. Zubereitung
Pro Portion ca. 210 kcal, 7 g EW, 12 g F, 9 g KH

1 Die Schnitzel mit der flachen Seite des Fleischklopfers leicht klopfen, salzen und pfeffern, dünn mit Mehl bestreuen. Die Zwiebel und den Knoblauch schälen und fein hacken.

2 Die Tomaten mit kochendem Wasser überbrühen, häuten, halbieren und entkernen. Das Fruchtfleisch sehr klein würfeln, dabei die Stielansätze entfernen. Die Champignons mit Küchenpapier säubern, putzen und in feine Scheiben schneiden. Den Thymian waschen, trockenschütteln und die Blättchen abzupfen.

3 Eine große Pfanne erhitzen. 2 EL Butter bei mittlerer bis starker Hitze darin aufschäumen lassen. Die Schnitzel auf beiden Seiten 1–2 Min. scharf anbraten, dann die Hitze reduzieren und die Schnitzel in ca. 3 Min. pro Seite fertig braten. Aus der Pfanne heben und zum Nachziehen in Alufolie wickeln.

4 Die Bratbutter abgießen und die restliche Butter in der Pfanne erhitzen. Die Zwiebel- und Knoblauchwürfel in ca. 4 Min. hell andünsten, die Champignons zugeben und braten, bis die Flüssigkeit verdampft ist. Mit dem Weißwein ablöschen und bei mittlerer Hitze fast einkochen lassen. Die Tomatenwürfel und die Thymianblättchen in die Pfanne geben und ca. 10 Min. leise kochen lassen.

5 Die Zunge und den Schinken in feine Streifen schneiden, in die Sauce rühren. Mit Salz und Cayennepfeffer pikant abschmecken. Die Schnitzel aus der Folie nehmen und samt ausgetretenem Fleischsaft in die Sauce legen und gerade heiß werden lassen.

UND DAZU?
Servieren Sie kleine Pellkartoffeln. Sie schmecken noch feiner, wenn Sie sie kurz in Butter und Petersilie schwenken.

NATUR & MARINIERT

schnell | aus Italien

Kalbsschnitzel mit Tomaten

10 Tomaten (600 g)
4 Zweige Basilikum
4 dünne Kalbsschnitzel (à 125 g)
Salz | Pfeffer
1 EL Mehl
2 EL Olivenöl
Zucker

Für 4 Personen | 30 Min. Zubereitung
Pro Portion ca. 205 kcal, 27 g EW, 8 g F, 5 g KH

1 Die Tomaten mit kochendem Wasser überbrühen, häuten, halbieren und entkernen, die Stielansätze entfernen. Die Basilikumblättchen mit Küchenpapier abreiben und abzupfen. 1 Tomate beiseite legen, die restlichen mit der Hälfte vom Basilikum im Mixer fein pürieren.

2 Die Schnitzel mit Küchenpapier trockentupfen, quer halbieren und ganz dünn klopfen. Mit Salz und Pfeffer würzen, dünn mit Mehl bestäuben.

3 Eine Pfanne stark erhitzen, dann das Olivenöl darin heiß werden lassen. Die Schnitzelchen pro Seite 2–3 Min. braten. Sobald sie gebräunt sind, die pürierten Tomaten zugeben, die Hitze verringern und die Sauce 2–3 Min. leise kochen lassen. Mit Salz, Pfeffer und einer Prise Zucker abschmecken. Die übrige Tomate in feine Spalten schneiden und auf den Schnitzeln verteilen. Mit dem restlichen Basilikum garniert servieren.

würzig | edel

Pfaffenschnitzel in pikanter Sauce

4 Rinderschnitzel (dünne Hüftsteaks à 150 g)
2 EL mittelscharfer Senf
3 EL Öl
2 Knoblauchzehen
2 Zwiebeln
2 EL Mehl
300 ml Rinderfond (aus dem Glas)
2 EL Sahne
Salz | Pfeffer | Tabascosauce

Für 4 Personen | 30 Min. Zubereitung
Pro Portion ca. 485 kcal, 24 g EW, 38 g F, 10 g KH

1 Die Schnitzel trockentupfen und leicht klopfen. Senf mit 1 EL Öl verrühren. Knoblauch schälen und dazupressen, die Schnitzel damit bestreichen. Die Zwiebeln schälen und in dünne Scheiben schneiden.

2 Erst eine Pfanne und dann 2 EL Öl stark erhitzen. Die Schnitzel in Mehl wenden und pro Seite ca. 2 Min. braten, aus der Pfanne heben. Die Zwiebelscheiben im Bratfett goldbraun rösten. Den Fond angießen und etwas einkochen lassen. Die Sahne einrühren und die Sauce mit Salz, Pfeffer und Tabasco pikant abschmecken. Die »Pfaffenschnitzel« in die Sauce legen und kurz heiß werden lassen.

AUSTAUSCH-TIPP
Statt Rinderschnitzel können Sie auch gut durchwachsene Roastbeefscheiben verwenden. Den Fettrand allerdings mehrmals einschneiden, damit sich die Scheiben beim Braten nicht wölben.

blitzschnell | aus Italien

Zitronen-Schnitzel

4 dünne Kalbsschnitzel (à 125 g) | 1 TL Zitronenöl (aromatisiertes Olivenöl) | 1 große Bio-Zitrone | 3 EL Butter | Salz | 2 EL Mehl | 200 ml Weißwein (ersatzweise Apfelsaft)

Für 4 Personen | 20 Min. Zubereitung
Pro Portion ca. 300 kcal, 27 g EW, 14 g F, 9 g KH

1 Die Schnitzel quer halbieren und ganz dünn klopfen. Trockentupfen und auf beiden Seiten mit dem Zitronenöl bestreichen. Die Zitrone heiß waschen und die Schale mit einem Zestenreißer abziehen. Die Zitrone auspressen.

2 Erst eine Pfanne, dann die Butter erhitzen. Die Schnitzel salzen und in Mehl wenden. In der heißen Butter bei mittlerer Hitze pro Seite 3–4 Min. braten. Zitronensaft, Weißwein und die Zitronenschale in die Pfanne zu den Schnitzeln geben und einmal aufkochen lassen. Abschmecken und servieren.

raffiniert einfach

Butter-Hähnchen

4 Hähnchenschnitzel (à 125 g) | Salz | Pfeffer | 2 EL Mehl | 80 g Butter | 2 EL Zitronensaft | 1 EL gehackte Petersilie

Für 4 Personen | 20 Min. Zubereitung
Pro Portion ca. 325 kcal, 30 g EW, 18 g F, 7 g KH

1 Eine Servierplatte im Backofen bei 60° (Umluft 50°) vorwärmen. Die Schnitzel leicht klopfen, salzen, pfeffern und dünn mit Mehl bestäuben.

2 Eine Pfanne erhitzen, 50 g Butter bei starker Hitze aufschäumen lassen, die Schnitzel auf jeder Seite ca. 3 Min. braten. Auf der Servierplatte warm halten. Die restliche Butter in die Pfanne geben und nussbraun werden lassen. Sofort mit Zitronensaft ablöschen und über die Schnitzel gießen. Mit Petersilie bestreuen und servieren.

UND DAZU?
Sehr gut schmeckt in Brühe gekochter Langkornreis.

cremig-würzig
Lamm mit Meerrettich

4 Lammschnitzel aus der Keule (à 150 g) | 1 Bund Schnittlauch | 3 EL Olivenöl | Salz | Pfeffer | 200 g Sahne | 2 EL Meerrettich (aus dem Glas)

Für 4 Personen | 20 Min. Zubereitung
Pro Portion ca. 610 kcal, 29 g EW, 54 g F, 2 g KH

1 Eine Servierplatte im Backofen bei 60° (Umluft 50°) vorwärmen. Die Schnitzel klopfen und trockentupfen. Den Schnittlauch waschen, trockenschütteln und in feine Röllchen schneiden.

2 Erst eine Pfanne und dann das Olivenöl darin erhitzen, die Schnitzel bei starker Hitze auf jeder Seite ca. 2 Min. anbraten, salzen, pfeffern und auf der Servierplatte warm halten.

3 Das Bratöl abgießen, die Sahne in die Pfanne gießen und kurz aufkochen lassen. Den Meerrettich einrühren, die Sauce mit Salz und Pfeffer abschmecken, über die Lammschnitzel gießen und mit den Schnittlauchröllchen bestreut servieren.

für besondere Anlässe
Reh mit Radicchio

2 längliche Radicchio (à 250 g) | 4 EL Olivenöl | Salz | Pfeffer | 4 Rehschnitzel (à 125 g) | ¼ l Rotwein | 2 EL Schwarzes Johannisbeergelee

Für 4 Personen | 35 Min. Zubereitung
Pro Portion ca. 350 kcal, 30 g EW, 17 g F, 11 g KH

1 Radicchio waschen und längs vierteln. In einer Schmorpfanne 2 EL Olivenöl erhitzen, die Radicchioviertel bei schwacher bis mittlerer Hitze ca. 15 Min. rundum braten, bis sie hellbraun sind, dabei salzen und pfeffern. Backofen auf 60° (Umluft 50°) vorheizen. Die Rehschnitzel mit Küchenpapier trockentupfen und leicht klopfen.

2 Eine Pfanne und dann das restliche Öl stark erhitzen. Die Schnitzel 3 Min. pro Seite anbraten, mit Salz und Pfeffer würzen, zugedeckt im Ofen warm halten. Das Öl aus der Pfanne gießen, Bratfond mit Wein ablöschen, aufkochen und das Gelee einrühren, mit Salz und Pfeffer abschmecken. Schnitzel mit Radicchio anrichten und mit Sauce übergießen.

Paniert & eingehüllt

Für mich sind perfekt panierte Schnitzel etwas Herrliches: hauchdünn muss das Fleisch geschnitten sein, die Hülle heiß und knusprig. Und wenn am Tellerrand noch eine halbe Zitrone zum Beträufeln liegt, ist der Genuss kaum zu übertreffen. Außer natürlich durch diese italienische Version mit einem Klecks Tomatensauce daneben.

Panierte Schnitzelchen mit Tomatensauce

9 reife Tomaten (500 g)
2 Stängel Basilikum
1 EL Olivenöl
4 dünne Kalbsschnitzel (à 125 g)
Salz | Pfeffer
2 EL Mehl
5 EL Semmelbrösel
1 EL frisch geriebener Parmesan
1 großes Ei (Größe L)
4 EL Butter
1 Prise Zucker

Für 4 Personen | 45 Min. Zubereitung
Pro Portion ca. 375 kcal, 31 g EW, 20 g F, 18 g KH

1 Die Tomaten überbrühen, häuten, halbieren und entkernen. Das Fruchtfleisch klein würfeln, dabei die Stielansätze entfernen. Die Basilikumblätter trocken abreiben, abzupfen und fein schneiden. In einem Schmortopf das Olivenöl erhitzen, die Tomatenwürfel bei mittlerer Hitze andünsten, bei schwacher Hitze zugedeckt ca. 15 Min. sanft kochen lassen. Den Backofen auf 60° (Umluft 50°) vorheizen.

2 Die Schnitzel quer halbieren, trockentupfen und mit der flachen Seite eines Fleischklopfers sehr dünn klopfen, mit Salz und Pfeffer würzen. Dünn mit Mehl bestreuen. In einem Teller die Semmelbrösel mit dem Parmesan vermischen, in einem zweiten Teller das Ei mit 1 EL Wasser verquirlen.

3 Die Schnitzelchen erst in Ei, dann in den Käsebröseln wenden. Eine große Pfanne erhitzen, die Butter darin aufschäumen lassen. Die Schnitzel bei schwacher bis mittlerer Hitze in ca. 5 Min. pro Seite hellbraun braten. Aus der Pfanne heben, auf Küchenpapier abtropfen lassen und im Ofen warm halten. Die Tomatensauce mit Salz, Pfeffer und Zucker würzen, das Basilikum einrühren. Die Schnitzel mit jeweils einem Klecks Tomatensauce anrichten.

echt italienisch

Hähnchen paniert

4 Hähnchenschnitzel (à 125 g) | 2 kleine Eier (Größe S) | 1 kleine Zwiebel | 1 EL frisch geriebener Parmesan | Salz | Pfeffer | frisch geriebene Muskatnuss | 3 EL Butter | 2 EL Olivenöl | 5 EL Semmelbrösel | Zitronenviertel zum Garnieren

Für 4 Personen | 35 Min. Zubereitung
Pro Portion ca. 370 kcal, 34 g EW, 20 g F, 10 g KH

1 Die Schnitzel abspülen, trockentupfen, und leicht klopfen. Die Eier mit 1 TL Wasser verquirlen. Die Zwiebel schälen und auf der Küchenreibe fein reiben, mit Parmesan, Salz, Pfeffer und Muskat unter die Eier mischen. Hähnchenschnitzel in der Eiermischung wenden.

2 Eine Pfanne erhitzen, Butter mit Olivenöl aufschäumen lassen. Die Schnitzel in den Bröseln wenden und bei mittlerer Hitze 3–4 Min. pro Seite braten, bis sie goldbraun sind. Auf Küchenpapier abtropfen lassen, mit Zitronenvierteln garniert servieren.

gelingt leicht

Schleswiger Schnitzel

4 dünne Schweineschnitzel (à 125 g) | 30 g ungesüßter Zwieback (2 Scheiben) | 1 Ei (Größe L) | Salz | Pfeffer | 2 EL Mehl | 3 EL Butter

Für 4 Portionen | 25 Min. Zubereitung
Pro Portion ca. 305 kcal, 32 g EW, 14 g F, 13 g KH

1 Die Schnitzel leicht klopfen. Den Zwieback in einer Nussmühle oder im Blitzhacker zu Bröseln verarbeiten, auf einen Teller streuen. Das Ei in einem zweiten Teller mit 1 TL Wasser verquirlen. Die Schnitzel mit Salz und Pfeffer würzen, dünn mit Mehl bestreuen.

2 Die Schnitzel erst in Ei, dann in den Zwiebackbröseln wenden, die Panierung andrücken. Erst eine Pfanne und dann die Butter darin auf mittlerer Stufe erhitzen. Die Schnitzel in der Butter in ca. 4 Min. pro Seite goldbraun und knusprig braten. Auf Küchenpapier abtropfen lassen und heiß zu gemischtem Salat servieren.

feurig
Pfefferschnitzel

4 Rinderschnitzel (dünne Hüftsteaks à 150 g) | Salz | je 1 EL schwarze und weiße Pfefferkörner | 1 TL Pimentkörner (Nelkenpfeffer) | 2 EL Öl | 2 EL Butter | 2 EL Cognac nach Belieben

Für 4 Personen | 25 Min. Zubereitung
Pro Portion ca. 320 kcal, 34 g EW, 19 g F, 0 g KH

1 Die Schnitzel trockentupfen und leicht klopfen, salzen. Die Gewürzkörner im Mörser grob zerdrücken und auf einen Teller streuen. Die Schnitzel auf beiden Seiten fest in die Körner drücken, bis sie gleichmäßig paniert sind.

2 Erst eine Pfanne und dann das Öl darin erhitzen. Die Pfefferschnitzel bei mittlerer bis starker Hitze pro Seite 2 Min. braten. Die Butter in die Pfanne geben, aufschäumen und leicht bräunen lassen. Die Schnitzel noch einmal darin wenden, mit Cognac beträufeln (nostalgisch: anzünden und flambieren), die Pfanne vom Herd nehmen und das Fleisch kurz nachziehen lassen.

asiatisch inspiriert
Kokos-Pute

4 dünne Putenschnitzel (à 125 g) | Salz | Pfeffer | 2 EL Mehl | 1 großes Ei (Größe L) | 2 Tropfen Tabascosauce | 60 g Kokosraspel | 4 EL Butterschmalz | 4 EL Mangochutney (aus dem Glas)

Für 4 Personen | 30 Min. Zubereitung
Pro Portion ca. 380 kcal, 34 g EW, 20 g F, 16 g KH

1 Die Schnitzel trockentupfen, noch dünner klopfen. Salzen, pfeffern und dünn mit Mehl bestreuen. Das Ei in einem Teller mit 1 TL Wasser und Tabasco verquirlen. Kokosraspel in einen zweiten Teller streuen. Die Schnitzel erst im Ei, dann in den Kokosraspeln wenden, Panierung gut andrücken und 5 Min. ruhen lassen.

2 Erst die Pfanne, dann das Butterschmalz darin auf mittlerer Stufe heiß werden lassen. Die Schnitzel in ca. 4 Min. pro Seite goldgelb braten. Aus der Pfanne heben und mit Mangochutney servieren.

PANIERT & EINGEHÜLLT

Klassiker aus Österreich
Wiener Schnitzel

Das echte Wiener Schnitzel muss dünn aus der Kalbskeule geschnitten sein und soll sofort heiß aus der Pfanne, außen knusprig und innen saftig, auf den Tisch kommen. Garniert wird es dann ganz schlicht: nur mit Petersilie und Zitrone.

4 dünne Kalbsschnitzel (à 125 g)
Salz | Pfeffer
2 kleine Eier (Größe S)
2 EL Milch
4 EL Mehl
8 EL Semmelbrösel
2 Zitronen
1 Bund krause Petersilie
ca. 150 g Butterschmalz zum Braten

Für 4 Personen | 35 Min. Zubereitung
Pro Portion ca. 420 kcal, 35 g EW, 18 g F, 29 g KH

1 Die Schnitzel mit Küchenpapier trockentupfen und leicht klopfen, sie sollen überall ca. ½ cm dick sein. Eventuell den Rand mit einem scharfen Messer mehrmals leicht einkerben, damit sich die Schnitzel beim Braten nicht wölben. Mit wenig Salz und Pfeffer würzen.

2 In einem tiefen Teller die Eier mit der Milch und einer Prise Salz verquirlen. Das Mehl und die Semmelbrösel jeweils auf einem flachen Teller ausstreuen. Die Zitronen vierteln. Die Petersilie waschen, trockenschütteln und harte Stiele entfernen.

3 Eine große Pfanne erhitzen, in der die Schnitzel nebeneinander ausreichend Platz haben. Auf mittlerer Stufe gut 1 cm hoch Butterschmalz heiß werden lassen. Die Schnitzel nacheinander in Mehl wenden, überschüssiges Mehl abschütteln, dann durch die verquirlten Eier ziehen und in den Semmelbröseln wenden. Die Brösel nur leicht andrücken, überschüssige vorsichtig abschütteln.

4 Eine Schnitzelecke ins heiße Fett halten. Wenn es kräftig brutzelt, die Schnitzel in die Pfanne legen und pro Seite in 3–4 Min. goldgelb bis hellbraun braten, dabei die Pfanne ab und zu leicht rütteln. Zum Wenden am besten zwei Pfannenheber benutzen, damit das Fett nicht aus der Pfanne spritzt.

5 Die fertig gebratenen Schnitzel aus dem Fett heben und auf Küchenpapier kurz abtropfen lassen. Auf Tellern anrichten und mit Zitronenvierteln und Petersilie garniert servieren.

ORIGINAL-TIPP
Auf Altwienerisch werden die Schnitzel in heißem Schweineschmalz gebraten, was die rösche Kruste und den herzhaften Geschmack ergibt. Zur Verfeinerung werden sie hinterher noch einmal in heißer Butter gewendet. Statt der etwas umständlichen Prozedur nehme ich einfach gleich Butterschmalz.

UND DAZU?
Keine Frage: hier passt nur Salat – ein saftiger Kartoffelsalat, sahniger Gurkensalat oder schlicht ein gemischter Salat mit Essig und Öl.

PANIERT & EINGEHÜLLT

asiatisch süß-pikant

Pute in feiner Haselnusskruste

4 dünne Putenschnitzel (à 125 g)
Salz | Pfeffer
1 EL Mehl
1 großes Ei (Größe L)
60 g gemahlene Haselnüsse
3 EL Butter
1 Zwiebel
1 EL Currypulver
150 ml Hühnerbrühe
1 reife Banane
4 EL Sahne

Für 4 Personen | 45 Min. Zubereitung
Pro Portion ca. 510 kcal, 39 g EW, 29 g F, 23 g KH

1 Die Schnitzel leicht klopfen, salzen, pfeffern und dünn mit Mehl bestreuen. Das Ei mit 1 EL Wasser verquirlen, die Haselnüsse auf einen Teller streuen. Den Backofen auf 60° (Umluft 50°) vorheizen. Erst eine Pfanne und dann die Butter auf mittlerer Stufe heiß werden lassen. Die Schnitzel in Ei, dann in den Nüssen wenden und pro Seite 4–5 Min. braten.

2 Inzwischen die Zwiebel schälen und fein würfeln. Schnitzel aus der Pfanne heben und warm stellen. Im Bratfett die Zwiebel in ca. 3 Min. hell andünsten. Das Currypulver darüber streuen und die Brühe angießen. Die Banane schälen, zerdrücken und mit der Sahne verrühren. In die Pfanne geben und alles einmal aufkochen. Mit Salz und Pfeffer abschmecken. Schnitzel anrichten und mit der Sauce übergießen.

raffiniert | für Gäste

Sizilianische Pistazienschnitzel

4 dünne Kalbsschnitzel (à 125 g)
80 g Pistazienkerne
1 großes Ei (Größe L)
Salz | Pfeffer
1 EL Mehl
3 EL Olivenöl zum Braten
150 ml Weißwein (ersatzweise Apfelsaft)

Für 4 Portionen | 30 Min. Zubereitung
Pro Portion ca. 400 kcal, 33 g EW, 23 g F, 8 g KH

1 Die Kalbsschnitzel quer halbieren, mit der glatten Seite des Fleischklopfers recht dünn klopfen. Die Pistazienkerne im Blitzhacker mittelfein mahlen, die Hälfte davon in einen flachen Teller streuen. Das Ei mit 1 EL Wasser verquirlen. Die Schnitzel salzen, pfeffern und dünn mit Mehl bestreuen. Erst in Ei, dann in den Pistazien wenden.

2 Erst eine Pfanne, dann das Olivenöl erhitzen. Die Schnitzel bei schwacher bis mittlerer Hitze pro Seite 2–3 Min. braten, dabei aufpassen, dass die Schnitzel nicht zu sehr bräunen. Die Hitze verringern, die übrigen gemahlenen Pistazien in die Pfanne geben, den Wein angießen, aufkochen und ca. 3 Min. sanft kochen lassen. Mit Salz und Pfeffer abschmecken und gleich servieren.

VARIANTE – PINIENSCHNITZEL
Statt der Pistazienkerne 75 g Pinienkerne erst in einem Pfännchen ohne Fett leicht anrösten, dann im Blitzhacker fein mahlen. Am Schluss die Sauce mit einem Schuss Marsala abrunden.

PANIERT & EINGEHÜLLT

würzig und witzig
Schnitzel altbayerische Art

Was wäre die bayerische Küche ohne Senf und Meerrettich? Ihre würzige Schärfe weckt die Lebensgeister.

4 dünne Schweineschnitzel (à 125 g)
Salz | Pfeffer
3 EL mittelscharfer Senf
3 EL geriebener Meerrettich (aus dem Glas)
4 EL Mehl
4 EL Öl zum Braten
1 Zwiebel
300 ml helles Bier (Export)
je 1 Prise gemahlener Kümmel und Piment (Nelkenpfeffer)
2 EL Schnittlauchröllchen

Für 4 Personen | 35 Min. Zubereitung
Pro Portion ca. 335 kcal, 32 g EW, 12 g F, 16 g KH

1 Die Schnitzel mit Küchenpapier trockentupfen und leicht klopfen. Mit wenig Salz und Pfeffer würzen. Den Senf mit dem Meerrettich verrühren. Das Mehl in einen flachen Teller streuen. Den Backofen auf 75° (Umluft 60°) vorheizen.

2 Die Schnitzel auf einer Seite gleichmäßig mit dem Meerrettichsenf bestreichen, mit der bestrichenen Seite ins Mehl legen. Die andere Seite ebenfalls mit Meerrettichsenf bestreichen und auch diese Seite ins Mehl drücken.

3 Eine Pfanne auf mittlerer Stufe erhitzen, das Öl darin heiß werden lassen. Von den Schnitzeln überschüssiges Mehl leicht abklopfen und die Schnitzel pro Seite ca. 4 Min. braten, bis die Kruste leicht gebräunt ist. In dieser Zeit die Zwiebel schälen und fein würfeln.

4 Die fertig gebratenen Schnitzel aus der Pfanne heben und im Ofen warm stellen. Das Bratöl bis auf einen kleinen Rest abgießen, darin die Zwiebelwürfel in ca. 5 Min. nussbraun anbraten. Das Bier aufgießen und in weiteren 5 Min. auf die Hälfte der Menge einkochen lassen. Die Sauce mit Salz, Pfeffer, Kümmel und Piment abschmecken.

5 Die Schnitzel auf Tellern anrichten und mit der Sauce umgießen. Mit Schnittlauchröllchen bestreuen und servieren.

TIPP – FÜR SÄMIGE SAUCEN
Ein zusätzlicher Klecks Senf bindet die Sauce und sorgt nebenbei für noch mehr Aroma.

GETRÄNKE-TIPP
Zu diesem Gericht passt natürlich nur ein kühles Bier.

VARIANTE – ALLGÄUER KÄSESCHNITZEL
4 Schweineschnitzel leicht klopfen, salzen, pfeffern und dünn mit Mehl bestreuen. 50 g Semmelbrösel mit 50 g fein geriebenem Allgäuer Bergkäse vermischen. Die Schnitzel erst in 1 Ei, mit 1 EL Sahne verquirlt, wenden, dann mit den Käsebröseln panieren und in 4 EL heißem Butterschmalz bei schwacher bis mittlerer Hitze pro Seite ca. 4 Min. braten, dabei aufpassen, dass die Käsekruste nicht zu dunkel wird, sonst schmeckt sie bitter. Mit einem bunten Salat servieren.

PANIERT & EINGEHÜLLT

mild & schnell
Schnitzel verhüllt

4 dünne Putenschnitzel (à 125 g)
Salz | Pfeffer
4 EL Mehl
2 Eier (Größe M)
1 EL Sahne
frisch geriebene Muskatnuss
2–3 EL Butterschmalz zum Braten

Für 4 Personen | 20 Min. Zubereitung
Pro Portion ca. 285 kcal, 36 g EW, 9 g F, 14 g KH

1 Die Schnitzel kurz kalt waschen, trockentupfen und gleichmäßig dünn klopfen. Mit Salz und Pfeffer würzen. Das Mehl auf einen Teller streuen. In einem tiefen Teller die Eier mit Sahne, einer Prise Salz und Muskat verquirlen.

2 Eine Pfanne und dann das Butterschmalz darin erhitzen. Die Schnitzel erst gut im Mehl, dann in der Eiermischung wenden und bei mittlerer Hitze in 3–5 Min. pro Seite leicht bräunen, vor dem Wenden mit der restlichen Eiermischung beträufeln. Heiß mit buntem Salat servieren.

UND DAZU?
Als Beilage passt ein frischer Salat aus Romana, Kirschtomaten und Möhrenstiften – angemacht mit Weißweinessig und Walnussöl.

VARIANTE – SCHNITTLAUCH-SCHNITZEL
1 Bund Schnittlauch waschen, trockenschütteln und in feine Röllchen schneiden und mit 1 EL geriebenem Käse unter die Eiermischung rühren. Die Schnitzel bei nicht zu starker Hitze braten, damit der Schnittlauch nicht zu sehr bräunt.

Spezialität aus Italien
Rosmarin-Lamm

4 Lammschnitzel (à 125 g)
1 TL getrockneter Rosmarin
2 EL Mehl
1 großes Ei (Größe L)
4 EL Semmelbrösel
ca. 75 ml Olivenöl zum Braten
Salz | Pfeffer
Zitronenviertel zum Garnieren

Für 4 Personen | 25 Min. Zubereitung
Pro Portion ca. 305 kcal, 28 g EW, 15 g F, 15 g KH

1 Die Schnitzel trockentupfen. Den Rosmarin im Mörser etwas zerreiben, mit dem Mehl auf einem Teller vermischen. In einem tiefen Teller das Ei mit 1 TL Wasser verquirlen. Die Semmelbrösel auf einem flachen Teller ausstreuen.

2 Eine große Pfanne und dann das Olivenöl darin erhitzen. Die Schnitzel salzen und pfeffern, in Rosmarin-Mehl, dann in den Eiern und schließlich in den Bröseln wenden. Im heißen Öl bei mittlerer Hitze in 3–4 Min. pro Seite goldgelb braten. Auf Küchenpapier abtropfen lassen und mit Zitronenvierteln garniert sehr heiß servieren.

UND DAZU?
Herrlich schmeckt Kartoffelpüree, beträufelt mit gebräunter Butter.

VARIANTE – ZITRONEN-LAMM
Statt Rosmarin-Mehl die Schnitzel rundum kräftig mit Zitronenpfeffer (aus dem Gewürzregal) würzen, in Ei und Bröseln wenden und braten.

Gerollt & gefüllt

Schnitzel sind ja so praktisch. Sie lassen sich nicht nur flach in der Pfanne braten, sondern auch mal aufschneiden und füllen oder als pikante Röllchen schmoren. Damit lässt sich leicht Abwechslung auf den Teller bringen. Mein Lieblingsrezept: die italienischen Kalbsröllchen, die mir (ganz unitalienisch) auch mal zu Nudeln schmecken.

Kalbsröllchen mit Schinken und Sardellen

4 lange, dünne Kalbsschnitzel (à 125 g)
50 g Parmaschinken ohne Fettrand
2 Sardellenfilets in Salzlake
1 EL Kapern
1 Knoblauchzehe
1 EL Tomatenmark
2–3 EL Semmelbrösel
2 EL weiche Butter
Salz | Pfeffer
2 EL Mehl
3 EL Olivenöl
¼ l Weißwein (ersatzweise Brühe)
Außerdem
Rouladennadeln oder Zahnstocher

Für 4 Personen | 45 Min. Zubereitung
Pro Portion ca. 435 kcal, 35 g EW, 23 g F, 14 g KH

1 Die Schnitzel mit Küchenpapier trockentupfen, quer halbieren und mit der glatten Seite des Fleischklopfers sehr dünn klopfen. Den Schinken sehr fein würfeln. Die Sardellenfilets abspülen, trockentupfen und mit den Kapern fein hacken, mit den Schinkenwürfeln in ein Schüsselchen geben. Den Knoblauch schälen und dazupressen. Tomatenmark, Semmelbrösel und die Butter gut untermischen, mit wenig Salz und Pfeffer abschmecken. Die Mischung muss recht fest sein.

2 Jeweils etwas Füllung auf ein Schnitzelchen geben und diese zu Rouladen aufrollen. Die Enden mit Zahnstochern oder Rouladennadeln feststecken. Die Röllchen in Mehl wenden.

3 Eine große Pfanne, dann das Olivenöl darin erhitzen. Die Kalbsröllchen erst bei mittlerer, dann bei schwacher Hitze in 10–15 Min. rundum goldbraun braten. Den Bratfond mit Wein ablöschen und kurz einkochen lassen. Die Sauce mit Salz und Pfeffer abschmecken und die Röllchen mit Salzkartoffeln oder Nudeln servieren.

GEROLLT & GEFÜLLT

aus Dänemark
Gefüllte Schnitzel mit Äpfeln

Bei diesem Gericht sind die Äpfel nicht nur schmückendes Beiwerk. Die Füllung aus Dörrpflaumen macht sie zum Star der Komposition.

4 Schweineschnitzel (à 125 g)
2 EL Zucker
2 EL frisch gepresster Zitronensaft
2 große, säuerliche Äpfel (z. B. Boskop)
Salz | Pfeffer
4 Dörrpflaumen ohne Stein
½ TL Ingwerpulver
3 EL Mehl
4 EL Butter
1 Zwiebel
¼ l Apfelsaft
4 TL Rotes Johannisbeergelee
Außerdem
Rouladennadeln oder Zahnstocher

Für 4 Portionen
30 Min. Zubereitung | 30 Min. Garen
Pro Portion ca. 485 kcal, 30 g EW, 15 g F, 55 g KH

1 Die Schnitzel mit Küchenpapier trockentupfen und mit der flachen Seite des Fleischklopfers sehr dünn klopfen. Etwa ¼ l Wasser mit dem Zucker und dem Zitronensaft in einen Topf füllen. Die Äpfel schälen und die Kerngehäuse ausstechen, in etwa 1 cm dicke Scheiben schneiden. Die vier mittleren (größten) Scheiben beiseite legen, die restlichen Scheiben in das Zucker-Zitronen-Wasser legen.

2 Die Schnitzel auf einer Seite mit Salz und Pfeffer würzen, auf eine Schnitzelhälfte eine Apfelscheibe legen, in das Kerngehäuseloch eine Dörrpflaume stecken. Das Ingwerpulver darüber streuen. Die Schnitzel in der Mitte zusammenklappen, die Ränder mit dem Fleischklopfer rundum leicht anklopfen und die Fleischtaschen an der Spitze mit Rouladennadeln oder Zahnstochern zusammenstecken. Außen salzen und pfeffern und die Taschen mit Mehl bestreuen.

3 Eine Pfanne (zu der es einen Deckel gibt) erhitzen, dann die Butter darin aufschäumen lassen. Die Schnitzeltaschen bei mittlerer Hitze auf einer Seite ca. 5 Min. anbraten. Inzwischen die Zwiebel schälen und fein würfeln. Die Taschen wenden, die Zwiebelwürfel dazwischenstreuen und wieder ca. 5 Min. braten, bis alles schön gebräunt ist. Den Apfelsaft angießen, mit Salz und Pfeffer würzen. Die Taschen zugedeckt bei schwacher Hitze 30 Min. schmoren lassen.

4 Die Äpfel im Zitronensud aufkochen und zugedeckt bei ganz schwacher Hitze 20 Min. ziehen lassen. Die Schnitzeltaschen auf Tellern anrichten, mit der Schmorsauce übergießen. Die Apfelscheiben aus dem Sud heben, daneben setzen und mit dem Gelee füllen. Mit Kartoffelpüree servieren.

SCHARFER TIPP
Wer's pikant mag, gibt noch etwas Tabasco an die Sauce.

VARIANTE – SCHNITZEL MEXIKANISCH
Geht ähnlich, nur werden hier 4 Putenschnitzel mit 1 klein gewürfelten Apfel, 1 fein gehackten grünen Chilischote und 2 EL grob gehackten Cashewkernen gefüllt und die Sauce mit Hühnerbrühe zubereitet.

GEROLLT & GEFÜLLT

würzig | aus Italien

Schnitzelkissen

4 dünne Kalbsschnitzel (à 125 g)
4 Scheiben Parmaschinken
8 frische große Salbeiblätter
Salz | Pfeffer
2 EL Mehl
4 EL Butter
150 ml Weißwein (ersatzweise Brühe)

Für 4 Personen | 25 Min. Zubereitung
Pro Portion ca. 400 kcal, 35 g EW, 24 g F, 9 g KH

1 Die Schnitzel mit Küchenpapier trockentupfen. Die Hälfte der Schnitzel mit einer Schinkenscheibe belegen, Salbeiblätter darauf verteilen, wieder eine Schinkenscheibe auflegen und mit den übrigen Schnitzeln bedecken. Die geschichteten Schnitzel vierteln und kräftig klopfen. Diese Schnitzelkissen salzen, pfeffern und in Mehl wenden.

2 Erst eine große Pfanne, dann die Hälfte der Butter erhitzen, die Schnitzelkissen bei mittlerer Hitze in 4–6 Min. pro Seite goldbraun braten. Den Bratsatz mit Wein ablöschen, aufkochen lassen. Die restliche Butter unter Schwenken in der Sauce zerlaufen lassen. Die Schnitzelkissen anrichten und mit der Sauce übergießen.

VARIANTE – SALTIMBOCCA
Schnitzel und die Schinkenscheiben quer halbieren. Jeweils 1 Salbeiblatt und 1 Schinkenhälfte auf ein Schnitzelstück legen, leicht anklopfen und mit einem Zahnstocher feststecken. Nur 3–4 Min. pro Seite braten.

Klassiker auf neue Art

Cordon bleu

4 dünne Putenschnitzel (à 125 g)
Salz | Pfeffer
60 g schnittfester Edelpilzkäse
4 Scheiben Lachsschinken
2 EL Mehl
1 großes Ei (Größe L)
4 EL Semmelbrösel
3 EL Butterschmalz zum Braten
1 Zitrone
Außerdem
Rouladennadeln oder Zahnstocher

Für 4 Portionen | 30 Min. Zubereitung
Pro Portion ca. 670 kcal, 56 g EW, 15 g F, 78 g KH

1 Die Schnitzel trockentupfen und leicht klopfen. Leicht salzen und pfeffern. Den Käse in dünne Scheiben schneiden. Jeweils eine Schnitzelhälfte mit einer Schinkenscheibe und etwas Käse belegen, die Schnitzel in der Mitte zusammenklappen und an der Spitze mit Rouladennadeln oder Zahnstochern zusammenstecken. Außen salzen und pfeffern, in Mehl wenden.

2 Das Ei mit 1 EL Wasser verquirlen, die Semmelbrösel auf einen Teller streuen. Die Schnitzel erst in Ei, dann in den Bröseln wenden. Die Panierung andrücken. Erst eine große Pfanne, dann das Butterschmalz erhitzen. Die Schnitzel bei mittlerer Hitze in ca. 5 Min. pro Seite goldbraun braten. Die Zitrone vierteln und zu den Schnitzeln servieren.

AUSTAUSCH-TIPP
Klassischer wird es, wenn Sie die Kalbsschnitzel mit gekochtem Schinken und Emmentaler Käse füllen.

GEROLLT & GEFÜLLT

würzig und witzig
Gefüllte Paprikaschnitzel

Sie haben den gewissen nostalgischen Touch. Ich nehme gerne fleischige rote Zwiebeln und streue vor dem Angießen der Brühe noch etwas Paprikapulver darüber.

4 dicke Schweineschnitzel (à 150 g)
1 rote Paprikaschote
1 EL Butter
Salz | Pfeffer
2 Knoblauchzehen
grobes Meersalz
2 TL scharfer Senf
2 EL Mehl
1 EL edelsüßes Paprikapulver
1 TL rosenscharfes Paprikapulver
2 EL Butterschmalz zum Braten
4 Zwiebeln
100 ml Gemüsebrühe
Außerdem
Rouladennadeln oder Zahnstocher

Für 4 Personen | 45 Min. Zubereitung
Pro Portion ca. 330 kcal, 36 g EW, 15 g F, 14 g KH

1 Die Schnitzel mit Küchenpapier trockentupfen, leicht klopfen und seitlich so einschneiden, dass eine tiefe Tasche entsteht. Die Paprikaschote waschen, putzen und in Streifen schneiden. In einem kleinen Topf die Butter erhitzen und die Paprikastreifen bei mittlerer Hitze ca. 5 Min. dünsten, leicht salzen und pfeffern, abkühlen lassen.

2 Den Knoblauch schälen, grob zerschneiden und mit einer Prise Meersalz im Mörser zerstampfen. Das Knoblauchpüree mit dem Senf verrühren, mit etwas Pfeffer würzen. Die Schnitzeltaschen innen mit dem Knoblauchsenf bestreichen. Die Paprikastreifen in die Taschen füllen, die Öffnungen mit Rouladennadeln oder Zahnstochern zustecken.

3 Auf einem Teller das Mehl mit Salz, Pfeffer und beiden Paprikasorten vermischen. Die Schnitzeltaschen in der Mehlmischung wenden. Erst eine große Pfanne, dann das Butterschmalz heiß werden lassen. Die gefüllten Schnitzel darin bei schwacher bis mittlerer Hitze in ca. 10 Min. pro Seite nicht zu braun braten.

4 Inzwischen die Zwiebeln schälen und in feine Spalten schneiden. Beim Wenden zwischen die Schnitzel streuen und mitbraten. Zum Schluss die Brühe angießen und einmal aufkochen lassen, mit Salz und Pfeffer abschmecken. Die Pfanne vom Herd nehmen, die Schnitzel wenden und zugedeckt noch 5 Min. ziehen lassen. Am besten mit Salzkartoffeln servieren.

VARIANTE – GRIECHISCHE SCHNITZEL
Die Schnitzel mit 1 grünen Paprikaschote und 2 Scheiben gekochtem Schinken, beides in feine Streifen geschnitten, sowie 1 gehäuteten und entkernten Tomate in Würfeln füllen. Nur in Mehl wenden und wie oben braten. Mit Zitronenvierteln garniert servieren.

GEROLLT & GEFÜLLT

herzhaft-deftig
Schweineröllchen

4 dünne Schweineschnitzel (à 125 g)
2 TL scharfer Senf
1 TL getrockneter Majoran
100 g grobe Zwiebel-Mettwurst
2 Gewürzgurken
Salz | Pfeffer
3 EL Öl zum Braten
2 Zwiebeln
100 ml Rotwein (ersatzweise Brühe)
1 Dose geschälte Tomaten (400 g)
4 EL Vollmilch-Joghurt
Außerdem
Rouladennadeln oder Küchengarn

Für 4 Personen | 45 Min. Zubereitung
Pro Portion ca. 300 kcal, 33 g EW, 13 g F, 6 g KH

1 Die Schnitzel trockentupfen und gleichmäßig dünn klopfen. Mit Senf bestreichen und mit Majoran bestreuen. Auf die Schnitzelenden die Mettwurst streichen. Die Gurken längs halbieren, auf die Mettwurst legen. Die Schnitzel aufrollen und mit Rouladennadeln oder Küchengarn zusammenhalten. Rundum salzen und pfeffern.

2 Eine Schmorpfanne und dann das Öl darin auf mittlerer Stufe erhitzen. Die Röllchen rundum in ca. 7 Min. anbräunen. Die Zwiebeln schälen und fein würfeln, zugeben und noch 3 Min. mitbraten. Den Wein angießen und die Tomaten zugeben und etwas zerdrücken. Die Röllchen zugedeckt bei schwacher Hitze 30 Min. schmoren lassen. Abschmecken, den Joghurt darüber klecksen und möglichst schnell servieren.

würzig-pikant
Feigen-Hähnchen

4 dicke Hähnchenschnitzel (à 150 g)
1 TL Tabascosauce
50 g getrocknete Feigen
50 g würziger Käse (Bergkäse)
25 g Salzmandeln
Salz | Pfeffer
4 Scheiben luftgetrockneter Schinken
(Serrano- oder Parmaschinken)
2 EL Butterschmalz zum Braten
2 EL trockener Sherry
Außerdem
Rouladennadeln oder Zahnstocher

Für 4 Personen | 35 Min. Zubereitung
Pro Portion ca. 430 kcal, 48 g EW, 22 g F, 10 g KH

1 Die Schnitzel waschen und trockentupfen. Jeweils seitlich eine Tasche einschneiden, mit Tabasco ausstreichen. Feigen und Käse klein würfeln, die Salzmandeln hacken. Alles vermischen und in die Schnitzeltaschen füllen. Schnitzel außen leicht mit Salz und Pfeffer würzen, mit den Schinkenscheiben umwickeln, die Enden mit Rouladennadeln oder Zahnstochern feststecken.

2 Erst eine Pfanne und dann das Butterschmalz erhitzen. Die Hähnchenschnitzel bei schwacher bis mittlerer Hitze ca. 7 Min. pro Seite braten – der Schinken darf nicht zu braun werden. Den Sherry angießen, kurz aufkochen lassen und die Pfanne vom Herd nehmen. Die Hähnchenschnitzel zugedeckt noch 5 Min. ruhen lassen, erst dann servieren.

GEROLLT & GEFÜLLT

würzig | aus der Provence

Gefüllte Rinderschnitzel

4 Rinderschnitzel (dünne Hüftsteaks à 125 g)
25 g grüne Oliven ohne Stein
4 Cornichons (zarte Essiggürkchen)
2 Knoblauchzehen | Pfeffer
2 EL Olivenöl
2 Schalotten
1 Bund Petersilie
1 Orange | Salz
Außerdem
Rouladennadeln oder Zahnstocher

Für 4 Personen | 45 Min. Zubereitung
Pro Portion ca. 250 kcal, 29 g EW, 13 g F, 4 g KH

1 Die Schnitzel trockentupfen und klopfen. Die Oliven fein hacken. Die Cornichons in dünne Stifte schneiden. Knoblauch schälen und hacken. Die Schnitzel pfeffern und jeweils eine Schnitzelhälfte mit Oliven, Cornichons und der Hälfte vom Knoblauch bestreuen. Die Schnitzel zusammenklappen und an der Spitze mit Rouladennadeln oder Zahnstochern zusammenstecken. Rundum mit Olivenöl bestreichen. Den Backofen auf 75° (Umluft 60°) vorheizen.

2 Die Schalotten schälen und klein würfeln. Die Petersilie waschen, trockenschütteln und fein hacken. Die Orange auspressen. Eine Pfanne stark erhitzen. Die Schnitzel bei starker Hitze pro Seite ca. 2 Min. braten, salzen und im Ofen warm halten. Bei mittlerer Hitze Schalotten und restlichen Knoblauch 2–3 Min. braten, Petersilie und Orangensaft zugeben, kurz einkochen, salzen und pfeffern. Die Schnitzel in der Sauce wenden und servieren.

für besondere Gelegenheiten

Rehröllchen mit Paprika

8 sehr dünne Rehschnitzel (à 60 g)
2 geröstete und gehäutete Paprikaschoten (aus dem Glas, ersatzweise getrocknete Tomaten)
Salz | gemahlener Piment
8 Scheiben Frühstücksspeck (Bacon, ca. 75 g)
2 EL Öl zum Braten
1 EL Zucker
150 ml Rotwein
2 EL Butter | Pfeffer
Außerdem
Küchengarn zum Binden

Für 4 Personen | 30 Min. Zubereitung
Pro Portion ca. 395 kcal, 33 g EW, 23 g F, 8 g KH

1 Die Rehschnitzel mit Küchenpapier trockentupfen und leicht klopfen. Die Paprikaschoten trockentupfen und längs in breite Streifen schneiden. Schnitzel mit Salz und Piment würzen, mit Paprikastreifen belegen und fest aufrollen. Die Rollen mit Speck umwickeln und mit Küchengarn zusammenbinden. Den Backofen auf 75° (Umluft 60°) vorheizen.

2 Eine Pfanne, dann das Öl darin erhitzen. Die Rehröllchen bei mittlerer bis starker Hitze in ca. 10 Min. rundum kräftig anbraten. Abgedeckt im Ofen warm halten. Das Öl aus der Pfanne gießen, den Zucker einstreuen und hellbraun karamellisieren lassen. Mit dem Rotwein ablöschen, kurz einkochen lassen, dann die Butter mit dem Schneebesen in die Sauce rühren. Mit Salz und Pfeffer abschmecken. Die Rehröllchen in der Sauce wenden und mit Kartoffelpüree servieren.

Geschnetzelt & gespießt

Gut geschnitzelt ist halb geschnetzelt. Immer wenn kleine Streifen oder gleichmäßige Würfelchen gefragt sind, kommen Schnitzel gut zum Zug und vereinfachen die Vorbereitung. Mein Favorit ist das »feuerwehrhausscharfe« Tex-Mex-Chili mit Pute, das schnell geht und leichter ist als die Version mit Hackfleisch.

Firehouse Chili con carne

4 Putenschnitzel (à 125 g)
2 grüne Paprikaschoten
4 Zwiebeln
2 Knoblauchzehen
1 EL Öl zum Braten
125 ml helles mildes Bier (ersatzweise Gemüsebrühe)
10 reife Tomaten (600 g)
2 Dosen rote Kidney-Bohnen (à 400 ml)
2 EL Tomatenmark
1 EL Chili-con-carne-Gewürzmischung
Salz | Pfeffer
Cayennepfeffer | Tabascosauce

Für 4 Personen | 45 Min. Zubereitung
Pro Portion ca. 615 kcal, 62 g EW, 4 g F, 82 g KH

1 Die Schnitzel mit Küchenpapier trockentupfen und in ganz kleine Würfel schneiden. Die Paprikaschoten waschen, putzen und klein würfeln. Die Zwiebeln und den Knoblauch schälen, die Zwiebeln grob, den Knoblauch fein hacken.

2 Eine Schmorpfanne und dann das Öl darin erhitzen. Die Schnitzelwürfel bei mittlerer bis starker Hitze unter Rühren in ca. 5 Min. rundum kräftig bräunen. Paprikawürfel, Zwiebeln und Knoblauch zugeben, das Bier angießen und alles 15 Min. bei schwacher Hitze offen schmoren.

3 Inzwischen die Tomaten überbrühen, häuten, halbieren und entkernen, das Fruchtfleisch klein würfeln, dabei die Stielansätze entfernen. Die Bohnen in ein Sieb abgießen, überbrausen und abtropfen lassen. Bohnen, Tomaten und Tomatenmark unter das Fleisch mischen. Mit den Gewürzen so scharf wie beliebt abschmecken. Alles noch ca. 10 Min. durchziehen lassen. Mit Weißbrot und einem kühlenden Salat servieren.

GESCHNETZELT & GESPIESST

Spezialität von Korfu

Griechische Weinschnitzel

4 Schweineschnitzel (à 150 g)
1 Bund Petersilie
1 Zwiebel
4 Knoblauchzehen
Salz | Pfeffer
2 EL Mehl
4 EL Olivenöl
150 ml Weißwein
1 TL getrockneter Oregano
50 g grüne Oliven
100 g Feta (Schafkäse)

Für 4 Personen | 40 Min. Zubereitung
Pro Portion ca. 430 kcal, 39 g EW, 22 g F, 14 g KH

1 Die Schnitzel trockentupfen und leicht klopfen, in 3 cm große Stücke schneiden. Die Petersilie waschen, trockenschütteln und fein hacken. Die Zwiebel und den Knoblauch schälen, klein würfeln. Die Schnitzelstücke salzen, pfeffern und in Mehl wenden.

2 Eine Schmorpfanne heiß werden lassen, dann jeweils 1 EL Olivenöl erhitzen und die Fleischstücke in vier Portionen bei mittlerer bis starker Hitze in 2 Min. pro Seite anbräunen, beiseite stellen. Zum Schluss die Zwiebel- und Knoblauchwürfel im Öl hellgelb braten, Petersilie zugeben und mit Wein ablöschen. Mit Salz, Pfeffer und Oregano würzen. Die Schnitzelstücke in die Sauce geben, wenden, Oliven zugeben und zugedeckt bei schwacher Hitze ca. 20 Min. ziehen lassen. Den Feta über das Geschnetzelte krümeln und mit Weißbrot servieren.

scharf-pikant

Ungarisches Paprikafleisch

4 Schweineschnitzel (à 125 g)
50 g durchwachsener Speck
4 Zwiebeln
4 Knoblauchzehen
2 EL Schweineschmalz
2 EL edelsüßes Paprikapulver
1 TL rosenscharfes Paprikapulver
¼ l Rotwein (ersatzweise Gemüsebrühe)
1 Dose Tomaten (Füllgewicht 400 g)
Salz | Pfeffer
4 EL saure Sahne

Für 4 Portionen
20 Min. Zubereitung | 45 Min. Garen
Pro Portion ca. 390 kcal, 32 g EW, 20 g F, 11 g KH

1 Die Schnitzel trockentupfen und in Streifen schneiden. Den Speck würfeln. Die Zwiebeln und den Knoblauch schälen und klein schneiden.

2 Erst einen Schmortopf und dann das Schmalz erhitzen. Bei mittlerer Hitze den Speck 3–4 Min. anbraten. Zwiebeln und Knoblauch zugeben und hell anrösten. Schnitzelstreifen zugeben und unter Rühren leicht bräunen. Beide Paprikasorten darüber streuen, den Rotwein und die Tomaten zugeben, mit Salz und Pfeffer würzen. Zugedeckt bei schwacher Hitze 45 Min. schmoren lassen, eventuell Wasser nachgießen.

3 Am Schluss die Sahne glatt rühren und über das Fleisch klecksen. Nicht unterrühren! Dazu passt am besten Reis.

GESCHNETZELT & GESPIESST

mild | zum Gästeverwöhnen

Putengeschnetzeltes mit Artischocken

4 Putenschnitzel (à 125 g)
6 Artischockenböden (aus der Dose)
1 Zwiebel
1 EL Mehl | Salz | Pfeffer
1 EL Öl zum Braten
3 EL Butter
200 ml Weißwein (ersatzweise Geflügelfond)
200 ml Geflügelfond (aus dem Glas)
100 g Sahne

Für 4 Personen | 30 Min. Zubereitung
Pro Portion ca. 415 kcal, 35 g EW, 23 g F, 7 g KH

1 Die Schnitzel mit Küchenpapier trockentupfen und in feine Streifen schneiden. Die Artischockenböden vierteln. Die Zwiebel schälen und sehr klein würfeln. Das Mehl mit Salz und Pfeffer vermischen. Die Schnitzelstreifen im Mehl wenden.

2 Erst eine große Pfanne, dann das Öl mit der Butter erhitzen. Bei starker Hitze die Fleischstreifen unter Rühren 3–5 Min. anbraten, bis sie leicht gebräunt sind. Sofort herausheben und beiseite stellen.

3 Die Hitze vermindern und die Zwiebelwürfel im Fett hellbraun anrösten. Die Artischocken zugeben, Wein und den Fond aufgießen. Aufkochen lassen und bei mittlerer Hitze in ca. 5 Min. auf die Hälfte der Menge einkochen. Die Sahne unterrühren und aufkochen lassen, mit Salz und Pfeffer abschmecken. Das Geschnetzelte in der Sauce gerade heiß werden lassen. Sofort mit Rösti servieren.

edel | superschnell

Italienische Kräuter-Straccetti

4 Rinderschnitzel (dünne Hüftsteaks à 125 g)
3 Schalotten
1 Knoblauchzehe
1 Bund gemischte Kräuter (Petersilie, Basilikum, Majoran und Minze)
3 EL Olivenöl
200 ml Rinderfond (aus dem Glas)
Salz | Pfeffer

Für 4 Personen | 25 Min. Zubereitung
Pro Portion ca. 265 kcal, 29 g EW, 15 g F, 3 g KH

1 Die Rinderschnitzel mit Küchenpapier trockentupfen, leicht klopfen und in 1 cm breite Streifen schneiden. Den Backofen auf 60° (Umluft 50°) vorheizen. Schalotten und den Knoblauch schälen, klein würfeln. Die Kräuter waschen, trockenschütteln und die Blättchen grob hacken.

2 Erst eine große Pfanne und dann das Öl stark erhitzen. Die Fleischstreifen 4–5 Min. scharf anbraten, herausheben und im Ofen warm halten. Schalotten, Knoblauch und die Kräuter im Öl 2–3 Min. andünsten, Fond aufgießen und bei starker Hitze kurz einkochen. Die Fleischstreifen wieder in die Sauce geben, mit Salz und Pfeffer würzen und einmal aufkochen lassen. Die Pfanne vom Herd nehmen und die Straccetti zugedeckt 3–4 Min. ziehen lassen. Auf Teller verteilen und mit Salzkartoffeln oder Weißbrot servieren.

AUSTAUSCH-TIPP
Funktioniert auch mit sehr zartem, durchwachsenem Rinderrouladenfleisch.

GESCHNETZELT & GESPIESST

würzig | fruchtig
Schweineschnitzel mit Ananas-Curry

4 Schweineschnitzel (à 125 g)
2 Knoblauchzehen
1 EL Speisestärke
5 EL Öl zum Braten
1 Glas Ananasstücke im eigenen Saft (350 g)
150 ml kräftige Gemüsebrühe
3 EL Sojasauce
1 Bund Frühlingszwiebeln
2 EL mildes Currypulver
1 Bund Koriandergrün (ersatzweise Petersilie)
Salz | Pfeffer

Für 4 Personen | 35 Min. Zubereitung
Pro Portion ca. 400 kcal, 31 g EW, 19 g F, 27 g KH

1 Die Schnitzel trockentupfen und in feine Streifen schneiden. Den Knoblauch schälen und dazupressen, Stärke und 1 EL Öl unter das Fleisch mischen, beiseite stellen. Die Ananasstücke abtropfen lassen, den Saft auffangen und mit Brühe und Sojasauce verrühren. Die Frühlingszwiebeln waschen, putzen und in Stücke schneiden.

2 Erst eine Pfanne, dann das restliche Öl stark erhitzen. Die Schnitzelstreifen unter Rühren 2–3 Min. braten, bis sie hellbraun sind. Die Frühlingszwiebeln zugeben und kurz mitbraten. Mit Currypulver bestreuen, Ananas-Brühe angießen, aufkochen und bei mittlerer Hitze 5 Min. kochen lassen. Koriander waschen und trockenschütteln, die Blättchen abzupfen. Die Ananasstücke unter die Sauce mischen, mit Salz und Pfeffer abschmecken und die Korianderblättchen darüber streuen. Mit Reis servieren.

raffiniert | pikant
Hähnchenschaschlik mit Pflaumen

4 Hähnchenschnitzel (à 125 g)
Salz | Pfeffer
8 Scheiben Frühstücksspeck (Bacon)
16 Dörrpflaumen ohne Stein
3 EL Öl
1 Zwiebel
2 EL edelsüßes Paprikapulver
200 ml Hühnerbrühe
6 EL Tomatenketchup
1 EL Rotweinessig
Tabascosauce
Außerdem
Holzspießchen

Für 4 Personen | 35 Min. Zubereitung
Pro Portion ca. 580 kcal, 45 g EW, 31 g F, 27 g KH

1 Die Schnitzel waschen und trockentupfen, in 3 cm große Würfel schneiden. Salzen und pfeffern. Speckscheiben quer halbieren, jeweils 1 Dörrpflaume in eine halbe Speckscheibe wickeln. Holzspießchen mit etwas Öl bestreichen, abwechselnd Schnitzelwürfel und Speckpflaumen aufspießen. Die Zwiebel schälen und hacken.

2 Erst eine Schmorpfanne, dann das restliche Öl erhitzen. Die Spieße bei mittlerer Hitze in 7–8 Min. rundum anbraten. Gehackte Zwiebeln zugeben und kurz anschmoren. Paprikapulver darüber streuen, die Brühe aufgießen, Ketchup unterrühren. Mit Essig, Tabasco, Salz und Pfeffer pikant würzen. Zugedeckt bei schwacher Hitze 20 Min. schmoren lassen. Mit Reis servieren.

GESCHNETZELT & GESPIESST

feurig-scharf | aus Äthiopien

Rinderschnitzel »Zilzil Tibs«

Originell eingeschnittene Rindfleischstreifen in einer würzig-scharfen Sauce kurz geschmort – ich mag dieses ostafrikanische Gericht besonders gern.

4 Rinderschnitzel (dünne Hüftsteaks à 150 g)
2 EL Erdnussöl
1 große Gemüsezwiebel (300 g)
2 Knoblauchzehen
30 g frischer Ingwer
2 EL Butterschmalz
1 EL Chiliflocken
1 TL grob gemahlener schwarzer Pfeffer
300 ml Fleischbrühe
3 Gewürznelken
frisch geriebene Muskatnuss | Salz

Für 4 Personen
40 Min. Zubereitung | 30 Min. Garen
Pro Portion ca. 315 kcal, 30 g EW, 20 g F, 5 g KH

1 Die Schnitzel trockentupfen und gleichmäßig dünn klopfen, dann der Länge nach halbieren. Die Schnitzelstreifen quer abwechselnd von links und rechts im Abstand von 1 cm ziehharmonikaartig bis fast zum Rand einschneiden. Diese »Zilzil Tibs« mit Erdnussöl bestreichen, in Folie wickeln und bis zum Braten bei Zimmertemperatur marinieren lassen.

2 Die Zwiebel und den Knoblauch schälen, die Zwiebel fein hacken. Den Ingwer schälen und sehr klein würfeln. Eine große Schmorpfanne erhitzen. Die Schnitzelstreifen darin bei starker Hitze pro Seite 1–2 Min. scharf anbraten. Die Hitze verringern, die Pfanne vom Herd nehmen und die Schnitzelstreifen darin 1 Min. nachziehen lassen, dann in Alufolie wickeln und beiseite stellen.

3 Die Zwiebelwürfel in die Pfanne geben und ohne Fett bei mittlerer Hitze in 10–15 Min. unter Rühren nussbraun rösten. Dann erst das Butterschmalz zugeben, den Knoblauch dazupressen, Ingwer, Chiliflocken und Pfeffer unterrühren und etwas Brühe angießen. Den Bratsatz unter Rühren loskochen, dann die übrige Brühe angießen. Die Sauce mit Nelken, Muskat und Salz würzen, zugedeckt bei schwacher Hitze ca. 30 Min. schmoren lassen, bis sie dickflüssig ist.

4 Die Sauce abschmecken, die Zilzil Tibs mit Salz würzen, samt ausgetretenem Fleischsaft in die Sauce geben, umwenden und gerade heiß werden lassen. Sofort mit Fladenbrot servieren.

GETRÄNKE-TIPP

Dazu passt Tej. Der äthiopische Honigwein ist auch hier zu Lande bei gut sortierten Getränkehändlern erhältlich.

GEWÜRZ-TIPP

In Äthiopien werden sehr farbintensive, dunkelrote Chilis gemahlen und reichlich zum Würzen verwendet. Das gibt der Sauce ihre typische feurige Farbe. Wenn Ihnen die Sauce mit den hier erhältlichen Chiliflocken zu hell erscheint, rühren Sie einfach noch etwas Tomatenmark unter.

GESCHNETZELT & GESPIESST

ganz einfach | aus Thailand

Schweinefleischspießchen

4 sehr dünne Schweineschnitzel (à 125 g)
1 kleine Zwiebel
30 g frischer Ingwer
1 TL Zucker
2 EL helle Sojasauce
2 EL Erdnussöl | Salz
Außerdem
16 Holzspießchen
Öl für die Spießchen

Für 4 Personen | 35 Min. Zubereitung
Pro Portion ca. 220 kcal, 29 g EW, 8 g F, 7 g KH

1 Die Schnitzel trockentupfen und noch dünner klopfen. Längs in 2 cm breite Streifen schneiden. Die Zwiebel und den Ingwer schälen, beides auf einer feinen Gemüsereibe zum Fleisch reiben. Alles mit Zucker, Sojasauce und Erdnussöl gut vermischen. Zugedeckt 15 Min. bei Zimmertemperatur marinieren lassen.

2 Einen Holzkohlen- oder Elektrogrill vorheizen. Die Schnitzelstreifen aus der Marinade heben und etwas abtropfen lassen, die Marinade auffangen. Holzspießchen ölen und die Schnitzelstreifen wellenartig auf die Spieße ziehen. Leicht salzen und in 3–5 Min. pro Seite knusprig grillen, dabei öfter mit der Marinade bestreichen. Auf Tellern anrichten.

DIP-TIPP
Für einen exotischen Dip 150 ml Kokosmilch mit 50 g Erdnusscreme, 1 EL Zitronensaft, 1 EL Sojasauce und 1 TL Currypulver verrühren und kurz erhitzen.

edel | für Gäste

Rehspießchen in Weinsauce

4 Rehschnitzel aus der Keule (à 125 g)
1 TL Wacholderbeeren
1 TL getrockneter Thymian
5 EL Öl
100 g frische Shiitakepilze (ersatzweise braune Champignons)
2 Zwiebeln
¼ l Rotwein
2–3 EL Preiselbeer-Konfitüre
Salz | Pfeffer
Außerdem
8 Holzspießchen

Für 4 Portionen | 30 Min. Zubereitung
Pro Portion ca. 420 kcal, 30 g EW, 17 g F, 31 g KH

1 Die Schnitzel trockentupfen und in Würfel schneiden. Die Wacholderbeeren zerdrücken und mit Thymian über das Fleisch streuen. 2 EL Öl zugeben, alles vermischen. Die Pilze säubern und putzen. Die Spieße mit etwas Öl bestreichen und abwechselnd Pilze und Rehwürfel aufstecken. Den Backofen auf 75° (Umluft 60°) vorheizen. Die Zwiebeln schälen und fein würfeln.

2 Eine Pfanne, dann das restliche Öl erhitzen. Die Rehspießchen bei mittlerer Hitze in insgesamt ca. 10 Min. rundum braun braten, leicht salzen und pfeffern und im Ofen warm halten.

3 Die Zwiebelwürfel im Bratöl 2–3 Min. dünsten. Den Rotwein angießen und kurz einkochen lassen. Die Preiselbeeren einrühren und die Sauce mit Salz und Pfeffer würzen. Extra zu den Rehspießchen servieren.

REGISTER

Zum Gebrauch

Damit Sie Rezepte mit bestimmten Zutaten noch schneller finden können, stehen in diesem Register zusätzlich auch beliebte Zutaten wie **Kalb-** oder **Schweinefleisch** – ebenfalls alphabetisch geordnet und **hervorgehoben** – über den entsprechenden Rezepten.

A

Allgäuer Käseschnitzel (Variante) 32
Apfel
   Gefüllte Schnitzel mit Äpfeln 38
   Hessische Apfelschnitzel 9
Artischocken: Putengeschnetzeltes mit Artischocken 52

B

Banane: Pute in feiner Haselnusskruste 30
Brokkoli: Hahnenkammschnitzel mit Brokkoli-Muffins 10
Butter-Hähnchen 22

C

Cordon bleu 40

E

Ei
   Rheinische Krüstchen (Variante) 14
   Schweineschnitzel »Strammer Max« 14
Erbsen-Reis 65

F

Feigen-Hähnchen 44
Feta: Griechische Weinschnitzel 50
Firehouse Chili con carne 49
Frühlingszwiebeln: Zwiebel-Schnitzel 12

G

Gefüllte Paprikaschnitzel 42
Gefüllte Rinderschnitzel 46
Gefüllte Schnitzel mit Äpfeln 38
Griechische Schnitzel (Variante) 42
Griechische Weinschnitzel 50

H

Hähnchen paniert 26
Hähnchenfleisch
   Butter-Hähnchen 22
   Feigen-Hähnchen 44
   Hähnchen paniert 26
   Hähnchenschaschlik mit Pflaumen 54
Hahnenkammschnitzel mit Brokkoli-Muffins 10
Hessische Apfelschnitzel 9

I

Italienische Kräuter-Straccetti 52

K

Kalbfleisch
   Kalbsröllchen mit Schinken und Sardellen 37
   Kalbsschnitzel mit Tomaten 20
   Panierte Schnitzelchen mit Tomatensauce 25
   Saltimbocca (Variante) 40
   Schalotten-Schnitzel 16
   Schnitzelkissen 40
   Sizilianische Pistazienschnitzel 30
   Wiener Schnitzel 28
   Zigeunerschnitzel 18
   Zitronen-Schnitzel 22
Kalbsröllchen mit Schinken und Sardellen 37
Kalbsschnitzel mit Tomaten 20
Kapern
   Kalbsröllchen mit Schinken und Sardellen 37
   Schnitzel in Kapernsauce 12
Kartoffeln
   Kartoffel-Gratin 65
   Kartoffel-Wedges 65
   Stampfkartoffeln 65
   Warmer Kartoffelsalat 65
Kidney Bohnen: Firehouse Chili con carne 49
Kokos-Pute 27
Kümmelschnitzel 13

L

Lammfleisch
   Lamm mit Meerrettich 23
   Rosmarin-Lamm 34
   Zitronen-Lamm (Variante) 34

N

Nussstriezel 65

O

Oliven: Griechische Weinschnitzel 50

P

Panierte Schnitzelchen mit Tomatensauce 25
Paprika
   Gefüllte Paprikaschnitzel 42
   Griechische Schnitzel (Variante) 42

REGISTER

Paprikaschnitzel 16
Rehröllchen mit Paprika 46
Paprikaschnitzel 16
Pfaffenschnitzel in pikanter
 Sauce 20
Pfälzer Weinschnitzel 13
Pfefferschnitzel 27
Pflaumen
 Gefüllte Schnitzel mit Äpfeln 38
 Hähnchenschaschlik mit
 Pflaumen 54
Pilze
 Rehspießchen in Weinsauce 58
 Zigeunerschnitzel 18
Pute in feiner Haselnusskruste 30
Putenfleisch
 Cordon bleu 40
 Firehouse Chili con carne 49
 Kokos-Pute 27
 Pute in feiner Haselnusskruste 30
 Putengeschnetzeltes mit
 Artischocken 52
 Schnitzel mexikanisch
 (Variante) 38
 Schnitzel verhüllt 34
 Putengeschnetzeltes mit
 Artischocken 52

R

Radicchio: Reh mit Radicchio 23
Reh mit Radicchio 23
Rehröllchen mit Paprika 46
Rehspießchen in Weinsauce 58
Rheinische Krüstchen (Variante) 14
Rinderschnitzel »Zilzil Tibs« 56
Rindfleisch
 Gefüllte Rinderschnitzel 46
 Italienische Kräuter-Straccetti 52
 Pfaffenschnitzel in pikanter
 Sauce 20
 Pfefferschnitzel 27
 Rinderschnitzel »Zilzil Tibs« 56
Rosmarin-Lamm 34

S

Saltimbocca (Variante) 40
Sardellen: Kalbsröllchen mit
 Schinken und Sardellen 37
Schalotten-Schnitzel 16
Schinken: Kalbsröllchen mit
 Schinken und Sardellen 37
Schleswiger Schnitzel 26
Schnitzel altbayerische Art 32
Schnitzel mexikanisch (Variante) 38
Schnitzel in Kapernsauce 12
Schnitzel verhüllt 34
Schnitzelkissen 40
Schweinefleisch
 Allgäuer Käseschnitzel
 (Variante) 32
 Gefüllte Paprikaschnitzel 42
 Gefüllte Schnitzel mit Äpfeln 38
 Griechische Schnitzel
 (Variante) 42
 Griechische Weinschnitzel 50
 Hahnenkammschnitzel mit
 Brokkoli-Muffins 10
 Hessische Apfelschnitzel 9
 Kümmelschnitzel 13
 Paprikaschnitzel 16
 Pfälzer Weinschnitzel 13
 Rheinische Krüstchen (Variante) 14
 Schleswiger Schnitzel 26
 Schnitzel altbayerische Art 32
 Schnitzel in Kapernsauce 12
 Schweinefleischspießchen 58
 Schweineröllchen 44
 Schweineschnitzel mit Ananas-
 Curry 54
 Schweineschnitzel »Strammer
 Max« 14
 Ungarisches Paprikafleisch 50
 Zwiebel-Schnitzel 12
Schweinefleischspießchen 58
Schweineröllchen 44
Schweineschnitzel »Strammer
 Max« 14
Sizilianische Pistazienschnitzel 30

T

Tomaten
 Firehouse Chili con carne 49
 Kalbsschnitzel mit Tomaten 20
 Panierte Schnitzelchen mit
 Tomatensauce 25
 Schweineröllchen 44
 Ungarisches Paprikafleisch 50
 Zigeunerschnitzel 18

U

Ungarisches Paprikafleisch 50

W

Warmer Kartoffelsalat 65
Wiener Schnitzel 28
Wild
 Reh mit Radicchio 23
 Rehröllchen mit Paprika 46
 Rehspießchen in Weinsauce 58

Z

Zigeunerschnitzel 18
Zitronen-Lamm (Variante) 34
Zitronen-Schnitzel 22
Zwiebel-Schnitzel 12

IMPRESSUM

DAS ORIGINAL MIT GARANTIE

Ihre Meinung ist uns wichtig. Deshalb möchten wir Ihre Kritik, aber auch Ihr Lob erfahren, um als führender Ratgeberverlag noch besser zu werden. Darum schreiben Sie uns! Wir freuen uns auf Ihre Post und wünschen Ihnen viel Spaß mit Ihrem GU-Ratgeber.

Unsere Garantie: Sollte ein GU-Ratgeber einmal einen Fehler enthalten, schicken Sie uns das Buch mit einem kleinen Hinweis und der Quittung innerhalb von sechs Monaten nach dem Kauf zurück. Wir tauschen Ihnen den GU-Ratgeber gegen einen anderen zum selben oder ähnlichen Thema um.

GRÄFE UND UNZER VERLAG

Redaktion Kochen & Verwöhnen

Postfach 86 03 13
81630 München
Fax: 0 89/4 19 81-113

oder schreiben Sie uns eine E-Mail an:
leserservice@graefe-und-unzer.de

© 2007
GRÄFE UND UNZER VERLAG GmbH, München

Alle Rechte vorbehalten. Nachdruck, auch auszugsweise, sowie die Verbreitung durch Film, Funk, Fernsehen und Internet, durch fotomechanische Wiedergabe, Tonträger und Datenverarbeitungssysteme jeglicher Art nur mit schriftlicher Genehmigung des Verlages.

Programmleitung: Doris Birk
Leitende Redakteurin: Birgit Rademacker
Redaktion: Tanja Dusy
Lektorat: Margarethe Brunner
Layout, Typografie und Umschlaggestaltung: independent Medien-Design, München
Satz: Liebl Satz+Grafik, Emmering
Herstellung: Petra Roth
Reproduktion: Penta Repro, München
Druck und Bindung: Firmengruppe APPL, Wemding

ISBN 3-8338-0655-9
ISBN 978-3-8338-0655-1

1. Auflage 2007

Ein Unternehmen der
GANSKE VERLAGSGRUPPE

Danke!
Ein besonderes Dankeschön geht an die Firma Silit für die Bereitstellung der Pfannen und des Zubehörs in diesem Buch.

Der Autor
Reinhardt Hess rührte schon als kleiner Junge in Pfannen und Töpfen. Nach Stationen bei Zeitschriften und Kochbuchverlagen begann er, selbst Bücher zu konzipieren und zu schreiben. Seit mehreren Jahren ist er freier Autor und hat inzwischen über 50 Koch- und Weinbücher verfasst oder daran mitgearbeitet, sechs davon wurden von der Gastronomischen Akademie mit Silbermedaillen ausgezeichnet.

Die Fotografin
Barbara Bonisolli beschäftigt sich seit Jahren mit Ess- und Trinkbarem. In ihrem Studio am Münchner Viktualienmarkt fotografiert die leidenschaftliche Köchin für Bücher, Magazine, Kampagnen. Unterstützt wird sie dabei von Claudia Juranits (Fotoassistenz) und Hans Gerlach (Foodstyling) mit Assistent Alexander Kühn.

Bildnachweis
Titelfoto: Fotos mit Geschmack, Alling; alle anderen: Barbara Bonisolli, München

Titelbildrezept
Wiener Schnitzel von Seite 28

GU-EXPERTEN-SERVICE
Haben Sie Fragen zu den Rezepten oder benötigen Sie weiteren Rat zum Thema? Dann schreiben Sie uns. Unsere Experten helfen Ihnen gerne weiter. Unsere Adresse finden Sie links.

Kochlust pur

Die neuen KüchenRatgeber – da steckt mehr drin

ISBN (10)　　3-8338-0653-2
ISBN (13) 978-3-8338-0653-7
64 Seiten

ISBN (10)　　3-8338-0307-X
ISBN (13) 978-3-8338-0307-9
64 Seiten

ISBN (10)　　3-8338-0654-0
ISBN (13) 978-3-8338-0654-4
64 Seiten

Preis je Band: 7,50 €

ISBN (10)　　3-8338-0652-4
ISBN (13) 978-3-8338-0652-0
64 Seiten

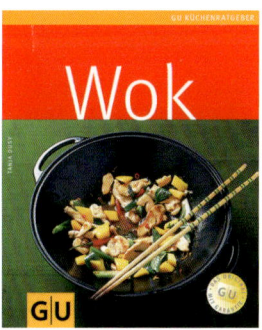

ISBN (10)　　3-8338-0321-5
ISBN (13) 978-3-8338-0321-5
64 Seiten

ISBN (10)　　3-8338-0656-7
ISBN (13) 978-3-8338-0656-8
64 Seiten

Änderungen und Irrtum vorbehalten.

Das macht sie so besonders:

Neue mmmh-Rezepte – unsere beste Auswahl für Sie

Praktische Klappen – alle Infos auf einen Blick

Die 10 GU-Erfolgstipps – so gelingt es garantiert

Willkommen im Leben.